JN225636

「学校図書館ガイドライン」活用ハンドブック 解説編

堀川 照代

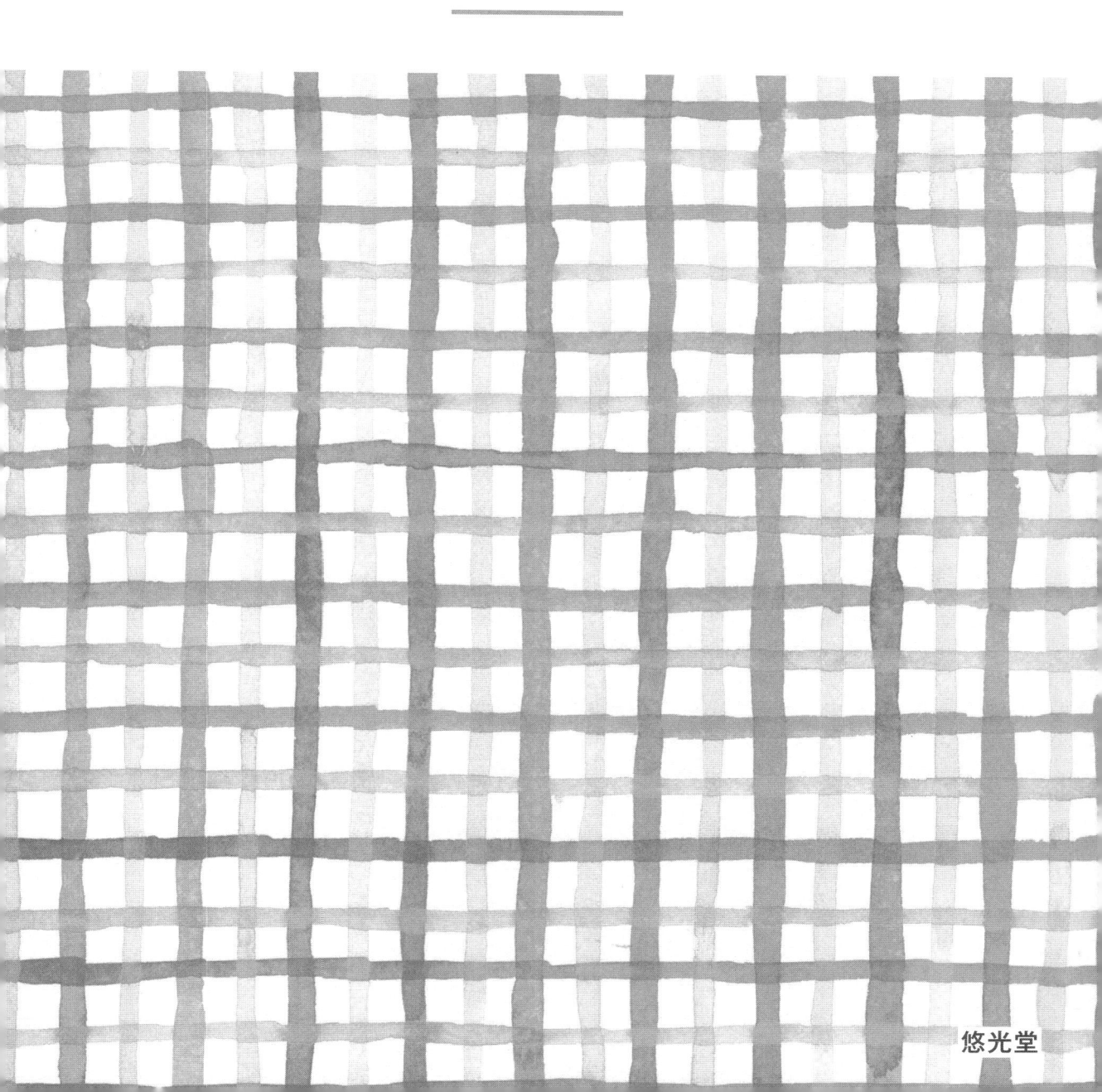

悠光堂

はじめに

　本書は，2016 年 11 月の文部科学省の「学校図書館の整備充実について（通知）」に添付されている「学校図書館ガイドライン」の解説書である。この通知には，「学校図書館ガイドラインは教育委員会や学校等にとって参考となるよう，学校図書館の運営上の重要な事項についてその望ましい在り方を示したものである」と述べられている。

　このガイドラインは，「学校図書館の整備充実に関する調査研究協力者会議」（2015 年 8 月〜 2016 年 10 月）の報告書「これからの学校図書館の整備充実について（報告）」（2016 年 10 月）において提案されたものである。この会議では，学校図書館関係 15 団体からのヒアリングの結果，学校図書館の整備に全国的な格差があり，その標準化が必要なことが論点の一つであることが確認され，それをふまえて学校図書館の基準を作成することが検討されたのである。

　公共図書館には「公共図書館の設置及び運営に関する基準」（2012）がある。学校図書館には 1959 年に文部省が『学校図書館運営の手びき』（明治図書出版）の第 2 章として発表した「学校図書館基準」があるが，その後，新たな基準は作成されていない。学校図書館にも「望ましい基準」が求められるが，これが「基準」ではなく「ガイドライン」となったのは，学校図書館法には基準に関する条項がないという理由による。確かに図書館法には第 7 条の 2 に「文部科学大臣は，図書館の健全な発達を図るために，図書館の設置及び運営上望ましい基準を定め，これを公表するものとする。」と明記されている。したがってこれは「ガイドライン」であるが，学校図書館にとって 1959 年以来の全国的指針である。このガイドラインが発表されてから，ある市では「校長が図書館長」という部分に注目した市会議員の提案によって市立全学校でこれを実行したと聞く。また，ある市の学校図書館支援センターでは，市内全学校宛文書にガイドラインの一部を引用して各校への伝達内容を強調したという話も耳にした。

　本書では，このガイドラインをさらに教育現場に近づけるように意図して解説を試みた。現場の方々が学校図書館の整備をするのに役立つことを望んでいるが，全国の学校図書館現場の運営の考え方も方法もレベルもあまりにも多様であり，ある地域の学校では納得できる説明も，ある地域では納得できないということもあるだろう。本書を批判的に読んでいただきながら，自校の現状を把握して，自校にはこの先に何が必要なのかの目安をつかんでいただければ幸いである。また，これへの批判や納得できない点を発信していただけたら有難い。さまざまな情報を交換・共有しながら全国の学校図書館現場に関わる方々とともに，我が国の学校図書館の整備状況が少しでも底上げされることを目指したい。

　「学校図書館ガイドライン」は 7 章で構成されているが，本書はこれに「特別支援学校の図書館」の章を加えて 8 章とした。「ガイドライン」では特別支援の必要な児童生徒のための図

書館の整備に関する記述はいくつか散見できるが，それらをまとめて一つの章としたのである。

　また，「ガイドライン」の章の下の各項目の内容に対応して，本書の節を構成することを基本とした。例えば，「1章　学校図書館の目的・機能」については，「ガイドライン」の最初の項目に対応して「1.1　学校図書館の必要性」とし，2番目の項目に対応して「1.2　読書センターとしての学校図書館」「1.3　学習センターとしての学校図書館」「1.4　情報センターとしての学校図書館」と3節をたてて解説した。

　さらに，本書の章や節の最後にステップアップ表を付し，その章や節に即した整備段階をステップ1～3で示した。ホップ・ステップ・ジャンプと考えていただいてもよい。ただ，冒頭で述べたように，全国の学校図書館の整備状況はあまりにもレベルが異なるので，この表がどの学校にもあてはまるものとは言えない。参考にできる箇所をピックアップして，自校の事情・状況に合わせたステップアップを3年計画でも5年計画ででも検討していただけたら有難く思う。なお，文中で「学校図書館担当者」とあるのは司書教諭や学校司書，図書主任等，それぞれの学校で図書館を担当している方々を指している。

　さて，学校図書館整備の解説に入る前に，いくつか確認・共有しておきたいことがある。それを以下に述べさせていただきたい。

＊　学校のなかの図書館

　学校図書館は学校のなかにある図書館である。公共図書館が生涯学習機関であるのに対して，学校図書館は学校教育の現場にある。したがって，原則として同一の児童生徒に一定期間関わることができる。児童生徒の発達に即して継続して関わることができる。それは学習活動や読書活動ばかりではない。貸出やレファレンスサービス等のサービスも一人ひとりの児童生徒の成長を時系列にとらえて継続的に提供できる。学校図書館は学校のなかの設備であるが故にすべての学校図書館活動は教育的性質をもっている。また，どの児童生徒にとっても，学校のなかにあって安心して落ち着いて居られる心の居場所となり得る。

　学校図書館は「図書室」ではない。実際,独立した建物ではなくても「図書館」なのである。学校図書館法の定義がそれを証明している。

　　第二条　この法律において「学校図書館」とは、小学校（義務教育学校の前期課程及び特別支援学校の小学部を含む。）、中学校（義務教育学校の後期課程、中等教育学校の前期課程及び特別支援学校の中学部を含む。）及び高等学校（中等教育学校の後期課程及び特別支援学校の高等部を含む。）（以下「学校」という。）において、図書、視覚聴覚教育の資料その他学校教育に必要な資料（以下「図書館資料」という。）を収集し、整理し、及び保存し、これを児童又は生徒及び教員の利用に供することによつて、学校の教育課程の展開に寄与するとともに、児童又は生徒の健全な教養を育成することを目的として設けられる学校の設備をいう。

上記の第二条に記された目的を果たすための学校の設備が学校図書館なのである。

　ある司書教諭が誇らしげに言ったことが印象深く記憶に残っている。「私がこの学校に異動してきて司書教諭として初めてやったことは,部屋の入り口に掲げてあった表示板を〈図書室〉から〈図書館〉に変えたことです。」

※　学校図書館は教育の充実度を示すバロメーター

　公共図書館が地域の文化の成熟度を示す尺度であるならば,学校図書館はその学校の教育の充実度を示す尺度である。学校図書館の整備・活用は,次の3つにかかっている。

①学校司書や司書教諭がどれだけ使える資料を用意できるか

②学校司書や司書教諭がどれだけ使えるような形にして資料を提供できるか

③司書教諭や教員がそうした資料を利用した授業がどれだけ展開できるか

学校図書館は司書教諭と学校司書の協働,そして教員の利用によって生きて働くものとなる。

　今,自校の学校図書館はどの段階であるか,下図のような5段階で考えてみたらどうであろう。そして次の段階をめざしていただきたい。なお,図中の各段階の説明文には冒頭に「学校図書館は」あるいは「学校図書館担当者は」を補って読んでいただけたら有難い。

Ⅴ. 情報センター：　情報活用能力を計画的に育成する
Ⅳ. 学習センター（2）：パートナーとして授業を一緒に作る
Ⅲ. 学習センター（1）：　教科学習に資料・情報を提供する
Ⅱ. 読書センター：　読書材を提供し居心地のよい環境を作る
Ⅰ. 本の倉庫：　鍵がかかっていたり会議室等に使用されたりする

※　教育に費用対効果を求めるか

　教育産業ならば利潤追求や費用対効果を考慮するのは当然であろう。しかし,我が国の未来を担っていく子どもたちを育てる,つまり人づくりは見返りを求めるものではない。教育を投資だと考える人もいる。しかし,投資も見返りを前提としている。教育は人としての成長を社会全体で促すことが目的のものではないか。そしてその機会はどの児童生徒にとっても同様に与えられるべきである。

　学校図書館は教育のインフラである。そのインフラを整備するためには予算が必要となる。インフラの整備は見返りを求めることを前提として行われるものではない。教育に必要最低限の環境を整えるためのものである。

　「なぜ学校図書館活用教育をするのか」という問いに,「眼の前の子どもたちが変わるから」

と答える教師がいる。2003 年度に全国学校図書館協議会の「学校図書館大賞」を受賞した山形県鶴岡市立朝暘第一小学校は，学校図書館を学校経営の中核に据えた教育を重ね，実践の成果そのままをタイトルとした『こうすれば子どもが育つ学校が変わる』（国土社　2003）を出版した。これらの実践が示すとおり，学校図書館活用によって子どもを，学校を，変えていくことができるのである。学校図書館は児童生徒の未来を作っていくところなのである。

＊　学校図書館を心弾むところに

　学校図書館は楽しいところでなければならない。

　ある小学校の学校司書がキリンが大好きで図書館の入り口にキリンのぬいぐるみを飾った。それがいつの間にか，大きなキリンとなって図書館内に位置を占めた。それがいつの間にかキリンの家族が増えて「キリン記念日」が作られた。

　ある中学校の学校司書は生徒と一緒に NDC の歌を作った。そこでは 4 月の図書館オリエンテーションのパワーポイントのスライドに，全教職員の表情豊かな顔写真が登場する。生徒は拍手喝采，教職員も見に来る。

　ある高校の学校司書は図書館を生徒一人ひとりの舞台にしている。地域のプロサッカーチームのファンである生徒は，図書館とは縁がなかったが学校司書の声掛けで，朝早く来て前日の試合結果を図書館の前の廊下に掲示するなど次々にサッカー情報の提供を始めた。その結果，日頃は練習のために図書館に来る時間がない運動系部活動の生徒たちも早朝や昼休みに図書館に来るようになった。

　ある学校図書館支援センターでは子どもの歌声の「図書館へおいでよ」の歌を HP 上に掲載している。さて，今の子どもたちはダンスが好きである。「図書館体操」や「図書館のミュージカル」もあるようだが，図書委員が踊るヒップホップの「学校図書館ダンス」が見られるのはいつのことであろうか。

　児童生徒にとって学校図書館が「どこでもドア」ならばどんなに楽しいであろう。ならば教職員にとっては「4 次元ポケット」というところか。いやいや児童生徒にとっては「たからのやま」，教職員にとっては「打ち出の小づち」というべきか。

　児童生徒にとっても教職員にとっても，そして学校図書館の管理運営に携わる学校図書館担当者にとっても，学校図書館が心弾むところであるようにしたいものである。

2018 年 6 月

堀川　照代

刊行によせて

　文部科学省では 2015 年 6 月に「学校図書館の整備充実に関する調査研究協力者会議」を設置し，学校図書館の運営に係る基本的な視点等についての議論を開始した。同会議においては堀川照代座長（青山学院女子短期大学教授）の下，約 1 年半の間に 8 回の会議を開催し，学校図書館の現状や今後の望ましい在り方等について，教育委員会や図書館関係団体，教育関係団体，出版関係団体等にも広くご意見をいただきながら，精力的に検討を行っていただいた。その成果は 2016 年 10 月に「これからの学校図書館の整備充実について（報告）」として取りまとめられ，この報告を踏まえて文部科学省は「学校図書館ガイドライン」を策定し，「学校図書館の整備充実について」（平成 28 年 11 月 29 日付け初等中等教育局長通知）により全国に周知したところである。

　本書『「学校図書館ガイドライン」活用ハンドブック』では，ガイドラインの内容を実際の学校図書館の運営に生かしていくにあたり，具体的・実践的な解説がコンパクトにまとめられている。ガイドラインに関する議論の取りまとめにご尽力いただいた堀川教授をはじめとして，豊富な経験を生かして多角的な視点から本書のご執筆をいただいた執筆陣の先生方に感謝申し上げたい。

　国においては，2017 年度から 5 か年にわたる「学校図書館図書整備等 5 か年計画」を策定し，単年度約 470 億円，5 か年総額約 2,350 億円の地方財政措置により，図書の整備，新聞の配備，学校司書の配置を推進している。全国の学校図書館関係者の皆様には，本書を参考にしながら，このような財政措置も活用いただき，学校図書館の整備充実に努めていただきたいと考えている。

　さて，文部科学省では 2018 年 6 月に「Society 5.0 に向けた人材育成　〜社会が変わる、学びが変わる〜」と題して，Society 4.0（情報社会）の後に来る Society 5.0[※]の到来を見据えた人材育成の在り方に関する議論の取りまとめを行った。Society 5.0 においては，人工知能（AI），ビッグデータ，Internet of Things（IoT），ロボティクス等の先端技術があらゆる産業や社会生活に取り入れられ，現在の産業構造や働き方が目まぐるしく変化することが予想されており，このような「非連続的」な社会の変化の中で豊かに生きるためには「楽観論でも悲観論でもなく、変化に対して受け身で対処せずに、むしろ目指すべき社会像を議論し、共有し、実現していくことが重要」とされている。そして，そのために共通して求められる力は「①文章や情報を正確に読み解き、対話する力、②科学的に思考・吟味し活用する力、③価値を見つけ生み出す感性と力好奇心・探究力」と整理されている。これらの力を児童生徒が身に付けるために，「読書センター」「学習センター」「情報センター」の 3 つの機能を持つ学校図書館の果たすべき役割は極めて大きい。

　同時に，未来の学校図書館は新たな技術や手法を大胆に取り入れる必要があるだろう。情報機器の導入やデータベース化・ネットワーク化の推進等，「情報化」を進めることにより，電子資料を含む多様な図書館資料に様々な手段でアクセスできる環境を整備し，利用のハードルを大幅に下げるとともに，視覚障害や学習障害など読書に困難のある児童生徒の利用環境を改善することで，ユニバーサルな図書館サービスの提供を実現していきたい。また，自校の学校図書館だけでなく他校の学校図書館や地域の公共図書館・博物館なども見渡し，教科等を横断した「主体的・対話的で深い学び」を支援するため，関係する機関や教職員，児童生徒をコーディネートし，新たな発想で提案を行うなど，自ら能動的に働きかけを行う「アクティブな学校図書館」を実現していきたい。

　AIやビッグデータ等の先端技術の導入による「情報化」の推進は，個別最適化されたユニバーサルなサービスの提供を可能にする。他方，児童生徒による図書委員会を組織し，地域のボランティアの方々のご協力もいただきながら，ブックトークやビブリオバトルなど「人」の魅力を使って「知」への誘いを積極的に進めることができる「アクティブな学校図書館」を実現できるかどうかは，学校図書館関係者の活躍にかかっている。先端技術が浸透していく社会においても「人」という要素の重要性はますます高まっていくだろう。

　本書の「はじめに」においては「学校図書館を心弾むところに」と提言されている。あらゆる児童生徒・教職員が常に集い，地域の方々など多様な関係者が出入りする，オープンで楽しい学校図書館が増えていけば，学校や地域の活性化につながっていくだろう。このような未来の学校図書館の実現に向け，文部科学省としても取組を進めていきたいと考えている。全国の学校図書館関係者の皆様におかれても，未来の学校図書館の姿について一緒に考え，議論し，そしてその実現に向けて協働していただけるようお願い申し上げ，本書刊行によせるメッセージとさせていただきたいと思う。

※ Soceity 5.0：サイバー空間（仮想空間）とフィジカル空間（現実空間）を高度に融合させたシステムにより，経済発展と社会的課題の解決を両立する，人間中心の社会（Society）。

文部科学省初等中等教育局児童生徒課長

坪田　知広

（2018 年 6 月）

28 文科初第 1172 号
平成 28 年 11 月 29 日

文部科学省初等中等教育局長
藤原　　誠

学校図書館の整備充実について（通知）

　学校図書館は，学校図書館法において，学校教育において欠くことのできない基礎的な設備であり，学校の教育課程の展開に寄与するとともに，児童又は生徒の健全な教養を育成することを目的として設けられる学校の設備であるとされています。

　文部科学省では，学校図書館の運営に係る基本的な視点や学校司書の資格・養成等の在り方等について検討するため，「学校図書館の整備充実に関する調査研究協力者会議」を設置し，本年 10 月に「これからの学校図書館の整備充実について（報告）」（以下「本報告」という。）（別添参考資料）を取りまとめていただいたところです。

　このたび，本報告を踏まえ，文部科学省として，別添のとおり「学校図書館ガイドライン」（別添 1）及び「学校司書のモデルカリキュラム」（別添 2）を定めましたので，お知らせします。

　貴職におかれては，下記の事項に御留意いただくとともに，都道府県・指定都市教育委員会教育長にあっては所管の学校及び域内の市区町村教育委員会に対して，都道府県知事にあっては所轄の私立学校に対して，国立大学法人学長にあっては設置する附属学校に対して，株式会社立学校を認定した地方公共団体の長にあっては認可した学校に対して，本通知について，周知を図るようお願いします。

記

1 「学校図書館ガイドライン」について

　「学校図書館ガイドライン」は，教育委員会や学校等にとって参考となるよう，学校図書館の運営上の重要な事項についてその望ましい在り方を示したものであること。本ガイドラインを参考に，学校図書館の整備充実を図ることが重要であること。

2 教育委員会等における取組

(1) 学校が学校図書館の機能を十分に利活用できるよう支援し，学校図書館の充実に向けた施策を推進することが重要であること。特に，図書館資料の面では，学校図書館図書標準を達成していない学校への達成に向けた支援や，廃棄・更新についての支援等が重要であること。

(2) 司書教諭については，学校図書館法における司書教諭の配置に関する規定に基づき，12 学級以上の学校に必ず司書教諭を配置することを徹底する必要があること。加えて，司書教諭が学校図書館に関する業務により専念できるよう，校務分掌上の工夫に取り組むとともに，11 学級以下の学校における配置の推進にも積極的に取り組むことが重要であること。

(3) 学校司書の配置については，職務が十分に果たせるよう，その充実に向けた取組とともに，学校司書の職務の内容が専門的知識及び技能を必要とするものであることから，継続的な勤務に基づく知識や経験の蓄積が求められることを踏まえ，一定の資質を備えた学校司書の配置やその支援を継続して行うことが重要であること。

　また，「学校司書のモデルカリキュラム」は，学校司書が職務を遂行するに当たって，履修していることが望ましいものであり，教育委員会等においては，大学等における開講状況や学生等の履修状況等も踏まえつつ，将来的にモデルカリキュラムの履修者である学校司書を配置することが期待されること。

(4) 司書教諭や学校司書を対象とした研修を実施するなど，その資質能力の向上を図ることが重要であること。研修内容等については，職務経験や能力に応じて研修内容の構成及び研修方法を工夫して設定することが重要であること。

3 学校における取組

(1) 学校においては，校長のリーダーシップの下，学校図書館の適切な運営や利活用など学校図書館の充実に向けた取組を推進することが重要であること。

　特に，学習指導要領等を踏まえ，学校図書館の機能を計画的に利活用し，児童生徒の主体的・意欲的な学習活動や読書活動を充実することが重要であること。

(2) 学校図書館を利活用した授業に関する校内研修を計画的に実施することが重要であること。その際，研修内容や研修方法の工夫を図ることが有効であること。

(3) 学校図書館の運営の改善のため，ＰＤＣＡサイクルの中で，読書活動など児童生徒の状況等を含め，学校図書館の評価を学校評価の一環として組織的に行い，評価結果に基づき，運営の改善を図ることが重要であること。

※「学校図書館の整備充実について（通知）」（文部科学省）(http://www.mext.go.jp/a_menu/shotou/dokusho/link/1380597.htm) より作成

学校図書館ガイドライン

　学校図書館をめぐる現状と課題を踏まえ，さらなる学校図書館の整備充実を図るため，教育委員会や学校等にとって参考となるよう，学校図書館の運営上の重要な事項についてその望ましい在り方を示す，「学校図書館ガイドライン」を定める。同ガイドラインは以下の構成とする。

> （1）学校図書館の目的・機能
> （2）学校図書館の運営
> （3）学校図書館の利活用
> （4）学校図書館に携わる教職員等
> （5）学校図書館における図書館資料
> （6）学校図書館の施設
> （7）学校図書館の評価

（1）学校図書館の目的・機能

○学校図書館は，学校図書館法に規定されているように，学校教育において欠くことのできない基礎的な設備であり，図書館資料を収集・整理・保存し，児童生徒及び教職員の利用に供することによって，学校の教育課程の展開に寄与するとともに児童生徒の健全な教養を育成することを目的としている。

○学校図書館は，児童生徒の読書活動や児童生徒への読書指導の場である「読書センター」としての機能と，児童生徒の学習活動を支援したり，授業の内容を豊かにしてその理解を深めたりする「学習センター」としての機能とともに，児童生徒や教職員の情報ニーズに対応したり，児童生徒の情報の収集・選択・活用能力を育成したりする「情報センター」としての機能を有している。

（2）学校図書館の運営

○校長は，学校図書館の館長としての役割も担っており，校長のリーダーシップの下，学校経営方針の具現化に向けて，学校は学校種，規模，児童生徒や地域の特性なども踏まえ，学校図書館全体計画を策定するとともに，同計画等に基づき，教職員の連携の下，計画的・組織的に学校図書館の運営がなされるよう努めることが望ましい。例えば，教

育委員会が校長を学校図書館の館長として指名することも有効である。

○学校は，必要に応じて，学校図書館に関する校内組織等を設けて，学校図書館の円滑な運営を図るよう努めることが望ましい。図書委員等の児童生徒が学校図書館の運営に主体的に関わることも有効である。

○学校図書館は，可能な限り児童生徒や教職員が最大限自由に利活用できるよう，また，一時的に学級になじめない子供の居場所となりうること等も踏まえ，児童生徒の登校時から下校時までの開館に努めることが望ましい。また，登校日等の土曜日や長期休業日等にも学校図書館を開館し，児童生徒に読書や学習の場を提供することも有効である。

○学校図書館は，学校図書館便りや学校のホームページ等を通じて，児童生徒，教職員や家庭，地域など学校内外に対して，学校図書館の広報活動に取り組むよう努めることが望ましい。

○学校図書館は，他の学校の学校図書館，公共図書館，博物館，公民館，地域社会等と密接に連携を図り，協力するよう努めることが望ましい。また，学校図書館支援センターが設置されている場合には同センターとも密接に連携を図り，支援を受けることが有効である。

(3) 学校図書館の利活用

○学校図書館は，児童生徒の興味・関心等に応じて，自発的・主体的に読書や学習を行う場であるとともに，読書等を介して創造的な活動を行う場である。このため，学校図書館は児童生徒が落ち着いて読書を行うことができる，安らぎのある環境や知的好奇心を醸成する開かれた学びの場としての環境を整えるよう努めることが望ましい。

○学校図書館は，児童生徒の学校内外での読書活動や学習活動，教職員の教育活動等を支援するため，図書等の館内・館外貸出しなど資料の提供を積極的に行うよう努めることが望ましい。また，学校図書館に所蔵していない必要な資料がある場合には，公共図書館や他の学校の学校図書館との相互貸借を行うよう努めることが望ましい。

○学校は，学習指導要領等を踏まえ，各教科等において，学校図書館の機能を計画的に利活用し，児童生徒の主体的・意欲的な学習活動や読書活動を充実するよう努めることが望ましい。その際，各教科等を横断的に捉え，学校図書館の利活用を基にした情報活用能力を学校全体として計画的かつ体系的に指導するよう努めることが望ましい。

○学校は，教育課程との関連を踏まえた学校図書館の利用指導・読書指導・情報活用に関する各種指導計画等に基づき，計画的・継続的に学校図書館の利活用が図られるよう努めることが望ましい。

○学校図書館は，教員の授業づくりや教材準備に関する支援や資料相談への対応など教員の教育活動への支援を行うよう努めることが望ましい。

（4）学校図書館に携わる教職員等

○学校図書館の運営に関わる主な教職員には，校長等の管理職，司書教諭や一般の教員（教諭等），学校司書等がおり，学校図書館がその機能を十分に発揮できるよう，各者がそれぞれの立場で求められている役割を果たした上で，互いに連携・協力し，組織的に取り組むよう努めることが望ましい。

○校長は，学校教育における学校図書館の積極的な利活用に関して学校経営方針・計画に盛り込み，その方針を教職員に対し明示するなど，学校図書館の運営・活用・評価に関してリーダーシップを強く発揮するよう努めることが望ましい。

○教員は，日々の授業等も含め，児童生徒の読書活動や学習活動等において学校図書館を積極的に活用して教育活動を充実するよう努めることが望ましい。

○学校図書館がその機能を十分に発揮するためには，司書教諭と学校司書が，それぞれに求められる役割・職務に基づき，連携・協力を特に密にしつつ，協働して学校図書館の運営に当たるよう努めることが望ましい。具体的な職務分担については，各学校におけるそれぞれの配置状況等の実情や学校全体の校務のバランス等を考慮して柔軟に対応するよう努めることが望ましい。

○司書教諭は，学校図書館の専門的職務をつかさどり，学校図書館の運営に関する総括，学校経営方針・計画等に基づいた学校図書館を活用した教育活動の企画・実施，年間読書指導計画・年間情報活用指導計画の立案，学校図書館に関する業務の連絡調整等に従事するよう努めることが望ましい。また，司書教諭は，学校図書館を活用した授業を実践するとともに，学校図書館を活用した授業における教育指導法や情報活用能力の育成等について積極的に他の教員に助言するよう努めることが望ましい。

○学校司書は，学校図書館を運営していくために必要な専門的・技術的職務に従事するとともに，学校図書館を活用した授業やその他の教育活動を司書教諭や教員とともに進めるよう努めることが望ましい。具体的には，1児童生徒や教員に対する「間接的支援」に関する職務，2児童生徒や教員に対する「直接的支援」に関する職務，3教育目標を達成するための「教育指導への支援」に関する職務という3つの観点に分けられる。

○また，学校司書がその役割を果たすとともに，学校図書館の利活用が教育課程の展開に寄与するかたちで進むようにするためには，学校教職員の一員として，学校司書が職員会議や校内研修等に参加するなど，学校の教育活動全体の状況も把握した上で職務に当

たることも有効である。

○また，学校や地域の状況も踏まえ，学校司書の配置を進めつつ，地域のボランティアの方々の協力を得て，学校図書館の運営を行っていくことも有効である。特に特別支援学校の学校図書館においては，ボランティアの協力は重要な役割を果たしている。

(5) 学校図書館における図書館資料

1 図書館資料の種類

○学校図書館の図書館資料には，図書資料のほか，雑誌，新聞，視聴覚資料（ＣＤ，ＤＶＤ等），電子資料（ＣＤ－ＲＯＭ，ネットワーク情報資源（ネットワークを介して得られる情報コンテンツ）等），ファイル資料，パンフレット，自校独自の資料，模型等の図書以外の資料が含まれる。

○学校は，学校図書館が「読書センター」，「学習センター」，「情報センター」としての機能を発揮できるよう，学校図書館資料について，児童生徒の発達段階等を踏まえ，教育課程の展開に寄与するとともに，児童生徒の健全な教養の育成に資する資料構成と十分な資料規模を備えるよう努めることが望ましい。

○選挙権年齢の引下げ等に伴い，児童生徒が現実社会の諸課題について多面的・多角的に考察し，公正に判断する力等を身につけることが一層重要になっており，このような観点から，児童生徒の発達段階に応じて，新聞を教育に活用するために新聞の複数紙配備に努めることが望ましい。

○小学校英語を含め，とりわけ外国語教育においては特に音声等の教材に，理科等の他の教科においては動画等の教材に学習上の効果が見込まれることから，教育課程の展開に寄与するデジタル教材を図書館資料として充実するよう努めることが望ましい。

○発達障害を含む障害のある児童生徒や日本語能力に応じた支援を必要とする児童生徒の自立や社会参画に向けた主体的な取組を支援する観点から，児童生徒一人一人の教育的ニーズに応じた様々な形態の図書館資料を充実するよう努めることが望ましい。例えば，点字図書，音声図書，拡大文字図書，ＬＬブック，マルチメディアデイジー図書，外国語による図書，読書補助具，拡大読書器，電子図書等の整備も有効である。

2 図書館資料の選定・提供

○学校は，特色ある学校図書館づくりを推進するとともに，図書館資料の選定が適切に行われるよう，各学校において，明文化された選定の基準を定めるとともに，基準に沿った選定を組織的・計画的に行うよう努めることが望ましい。

○図書館資料の選定等は学校の教育活動の一部として行われるものであり，基準に沿った

図書選定を行うための校内組織を整備し，学校組織として選定等を行うよう努めることが望ましい。

○学校は，図書館資料について，教育課程の展開に寄与するという観点から，文学（読み物）やマンガに過度に偏ることなく，自然科学や社会科学等の分野の図書館資料の割合を高めるなど，児童生徒及び教職員のニーズに応じた偏りのない調和のとれた蔵書構成となるよう選定に努めることが望ましい。

○学校図書館は，必要に応じて，公共図書館や他の学校の学校図書館との相互貸借を行うとともに，インターネット等も活用して資料を収集・提供することも有効である。

3　図書館資料の整理・配架

○学校は，図書館資料について，児童生徒及び教職員がこれを有効に利活用できるように原則として日本十進分類法（ＮＤＣ）により整理し，開架式により，配架するよう努めることが望ましい。

○図書館資料を整理し，利用者の利便性を高めるために，目録を整備し，蔵書のデータベース化を図り，貸出し・返却手続及び統計作業等を迅速に行えるよう努めることが望ましい。また，地域内の学校図書館において同一の蔵書管理システムを導入し，ネットワーク化を図ることも有効である。

○館内の配架地図や館内のサイン，書架の見出しを設置するなど，児童生徒が自ら資料を探すことができるように配慮・工夫することや，季節や学習内容に応じた掲示・展示やコーナーの設置などにより，児童生徒の読書意欲の喚起，調べ学習や探究的な学習に資するように配慮・工夫するよう努めることが望ましい。また，学校図書館に，模型や実物，児童生徒の作品等の学習成果物を掲示・展示することも有効である。

○学校図書館の充実が基本であるが，児童生徒が気軽に利活用できるよう，図書館資料の一部を学級文庫等に分散配架することも有効である。なお，分散配架した図書も学校図書館の図書館資料に含まれるものであり，学校図書館運営の一環として管理するよう努めることが望ましい。

4　図書館資料の廃棄・更新

○学校図書館には，刊行後時間の経過とともに誤った情報を記載していることが明白になった図書や，汚損や破損により修理が不可能となり利用できなくなった図書等が配架されている例もあるが，学校は，児童生徒にとって正しい情報や図書館資料に触れる環境整備の観点や読書衛生の観点から適切な廃棄・更新に努めることが望ましい。

○図書館資料の廃棄と更新が適切に行われるよう，各学校等において，明文化された廃棄の基準を定めるとともに，基準に沿った廃棄・更新を組織的・計画的に行うよう努めることが望ましい。

○廃棄と更新を進めるに当たって，貴重な資料が失われないようにするために，自校に関する資料や郷土資料など学校図書館での利用・保存が困難な貴重な資料については，公共図書館等に移管することも考えられる。

(6) 学校図書館の施設

○文部科学省では，学校施設について，学校教育を進める上で必要な施設機能を確保するために，計画及び設計における留意事項を学校種ごとに「学校施設整備指針」として示している。この学校施設整備指針において，学校図書館の施設についても記述されており，学校図書館の施設については，学校施設整備指針に留意して整備・改善していくよう努めることが望ましい。

○また，これからの学校図書館には，主体的・対話的で深い学び（アクティブ・ラーニングの視点からの学び）を効果的に進める基盤としての役割も期待されており，例えば，児童生徒がグループ別の調べ学習等において，課題の発見・解決に向けて必要な資料・情報の活用を通じた学習活動等を行うことができるよう，学校図書館の施設を整備・改善していくよう努めることが望ましい。

(7) 学校図書館の評価

○学校図書館の運営の改善のため，PDCA サイクルの中で校長は学校図書館の館長として，学校図書館の評価を学校評価の一環として組織的に行い，評価結果に基づき，運営の改善を図るよう努めることが望ましい。

○評価に当たっては，学校関係者評価の一環として外部の視点を取り入れるとともに，評価結果や評価結果を踏まえた改善の方向性等の公表に努めることが望ましい。また，コミュニティ・スクールにおいては，評価に当たって学校運営協議会を活用することも考えられる。

○評価は，図書館資料の状況（蔵書冊数，蔵書構成，更新状況等），学校図書館の利活用の状況（授業での活用状況，開館状況等），児童生徒の状況（利用状況，貸出冊数，読書に対する関心・意欲・態度,学力の状況等）等について行うよう努めることが望ましい。評価に当たっては，アウトプット（学校目線の成果）・アウトカム（児童生徒目線の成果）の観点から行うことが望ましいが,それらを支える学校図書館のインプット（施設・設備，予算，人員等）の観点にも十分配慮するよう努めることが望ましい。

※「（別添）学校図書館ガイドライン）」（文部科学省）(http://www.mext.go.jp/a_menu/shotou/dokusho/link/1380599.htm) より作成

「学校図書館ガイドライン」の活用について

　今日，学校図書館は読書活動の推進に加えて学習活動の支援や授業の内容を深めるための場へと大きく変わろうとしている。

　これからの子どもたちは，生涯にわたって，あらゆる機会に，あらゆる場所においての学習が求められている。そのためには，①読書に親しませ，生活に必要な国語を正しく理解し，使用する基礎的な能力を養うこと。②生活に必要な数量的な関係を正しく理解し，処理する基礎的な能力を養うこと。③生活にかかわる自然現象について，観察及び実験を通じて，科学的に理解し，処理する基礎的な能力を養うこと。などを達成する必要がある。

　今後，自ら資料を調べ，その課題を追究し，結果をまとめていく能力の育成や著者の考えや情報を読み解きながら自分の考えを形成する能動的な読書（インタラクティブ・リーディング）が重要だと指摘されている。こうした要請を受け，新学習指導要領には「主体的・対話的で深い学び」を授業改善に生かすとともに，自主的，自発的な学習活動や読書活動を充実するために学校図書館を活用することが明記された。

　学校図書館が教育課程に寄与するには，これまでの「読書センター」機能と共に，学習活動を支援して授業の内容を深めていく「学習センター」機能，子どもたちや教職員の情報活用能力を育成するための「情報センター」機能を活用できるように全校で取り組むことが喫緊の課題である。

　学校図書館ガイドラインには，こうした機能を活用するための運営上の重要な事項として，「目的・機能」「運営」「利活用」「携わる教職員等」「図書館資料」「施設」「評価」の観点で望ましい在り方が示された。中でも，校長を学校図書館長と位置付け，学校経営方針の具現化に向けて学校図書館全体計画を策定し，計画的・組織的に学校図書館を運営することが望ましいとある。加えて，教育委員会が校長を学校図書館の館長として指名することも有効であると，踏み込んだ提言をしている点に注目したい。

　また，登校時から下校時までの間，開館することも示された。さらに図書に加えて，視聴覚資料（DVD・CD 等），新聞，雑誌など多様な資料をはじめ，発達障害を含めた障害のある子どもへ対応した点字図書，音声図書，拡大文字図書や，日本語能力に応じた支援として母語による読書ができる図書など，子どもたち一人ひとりのニーズに対応した多様な図書館資料を充実させる必要があることも明記している。

　本書は学校図書館の経営を掌る校長や司書教諭，運営の要としての学校司書がそれぞれ，日々の活動を実践する際の有力な参考資料となるよう編纂されている。学校図書館に関わる多くの人が学校図書館ガイドラインを活用して，子どもたちの学びを深めることができれば幸甚である。

公益社団法人全国学校図書館協議会理事長

設楽　敬一

目次

1章 学校図書館の目的・機能

1.1 学校図書館の必要性

キーワード：
学校図書館の目的，学校図書館の機能，米国教育使節団，J.デューイ，学校の心臓部，教科等横断的，心の居場所

（1）学校図書館は学校の心臓部

　我が国の学校図書館は，戦後，米国の学校図書館をモデルに発達してきた。戦後の日本の教育問題について助言・協議するために合衆国国務省から教育使節団が派遣されたが，その報告書（1946年3月）には，「つめこみ主義，画一主義および忠孝のような上長への服従に重点を置く教授法は改められ，各自に思考の独立・個性の発展および民主的公民としての権利と責任とを，助長するようにすべきである」[1]と述べられ，続く第2次教育使節団報告書（1950年9月）には，「教材センターとしての学校図書館は，生徒を援助し指導する図書館主任を置いて，学校の心臓部となるべきである」[2]と明記され，学校図書館の必要性が指摘されていた。

　図1-1は，1899年にJ.デューイが述べた「学校という建物のなかで具体化したいと思っている観念の図式的な表現」であるが，これはまさに「学校の心臓部」として図書室が描かれている。

　図1-1の「下部には食堂と台所があり，上部には木工と金工のための作業室および裁縫と織布のための織物室がある。中央部には図書室があるが，それはすべてがこの図書室にともに来りもとめるように，すなわち，実際の仕事に光明を投じ，それに意味と自由な価値をあたえるところの各種の知的資料の集成にすべてが来りもとめるようにされている様式を現している」[4]とデューイは説明している。

　これを現代に置き換えてみると，図1-2のように学校図書館を中心に全ての学びが結びつくと言える。教科等の学習活動や特別活動など全ての学びに，資料や情報（知識の集積）を用いて実際と知識を照らし合わせることによって，活動内容の意味や価値を児童生徒に考えさせることができる。これは主体的・体験的・対話的な学びであり，それゆえその学びは深く幅広く豊かになろう。

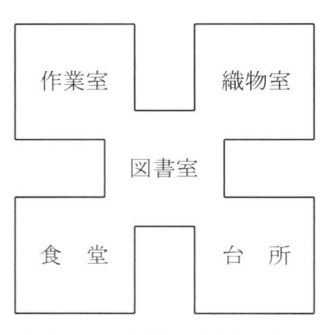

図1-1　学校で具体化したい概念[3]

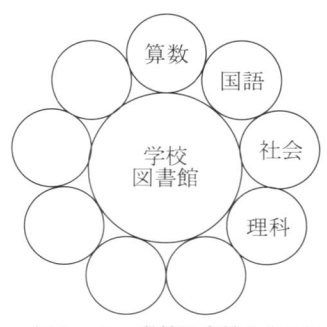

図1-2　学校図書館を中心に教科等が結び付く

（2）学校図書館は教科を横断的に捉える

　学校図書館は，全教科を横断的に俯瞰的に捉えることのできる位置にいる。全教科を縦割りではなく横断的にみて，各教科学習等に必要な資料や情報を提供できるだけでなく，教科間や諸活動間の連絡調整役を担うことができるのである。

　2017年3月に公示された学習指導要領の「改訂のポイント」には次のように述べられている[5]。

> 　教科等の目標や内容を見渡し、特に学習の基盤となる資質・能力（言語能力、情報活用能力、問題発見・解決能力等）や現代的な諸課題に対応して求められる資質・能力の育成のためには、教科等横断的な学習を充実する必要。

　この「教科等横断的な学習」の視点は，学校図書館の最も得意とするところである。

（3）学校図書館は教育のインフラ

　児童生徒は，資料を主体的に活用する中で，言語力や思考力，分析力等，特に「読む力」と「情報を使う力」（情報活用能力）を高めていく。資料活用により育成できる読む力と情報を使う力は全教科に共通な基盤的な力であり，教科全体を横断的に捉えることができる学校図書館担当者が旗振り役となってこれらの力を育成する学びを進めることができる。学校図書館は資料や情報の活用（資料・情報へのアクセス）を保障することにより，学校教育のインフラであり，教育の中核であるのである。

　学校図書館は，「読書センター」「学習センター」「情報センター」の3つの機能で捉えられる。自由な読書活動や読書指導の場であり，児童生徒の学習活動や教師の授業づくりを支援する場であり，児童生徒や教職員の情報ニーズに対応し，資料利用をもとにした児童生徒の情報活用能力を育成する場である。さらに，多様なニーズを持つ児童生徒一人ひとりに対応して，落ち着いて安心して過ごせる心の居場所を提供できるのが学校図書館である。

ステップアップ表

	ステップ1	ステップ2	ステップ3
学校図書館の必要性	□学校図書館担当者が学校図書館の必要性について認識している □学校図書館担当者が学校図書館を利用している	□教職員の一部が学校図書館の必要性について認識している □教職員の一部が学校図書館を利用している	□全教職員が学校図書館の必要性について十分に認識している □全教職員が学校図書館を日常的に利活用している

1.2 読書センターとしての学校図書館

キーワード：
読書センター，学校図書館法，教育課程の展開，健全な教養を育成する，読書活動，読書指導，読書の必要性，言語活動，読む力，生きる力，読書体験，感情体験，読書啓発，読書習慣

（1）読書センター機能

1953 年の学校図書館法には次のように学校図書館が定義されている。

　　第二条　この法律において「学校図書館」とは，……学校の教育課程の展開に寄与するとともに，児童又は生徒の健全な教養を育成することを目的として設けられる学校の設備をいう。

この条文の「児童又は生徒の健全な教養を育成すること」が読書センター機能に対応すると言える。学校図書館は豊富な読書材を整備し，児童生徒の必要な時に適切な読書材を提供して，自由な読書活動や読書指導の拠点として機能する。

（2）読書の必要性

なぜ読書が必要か。

読書は言葉の力を育む。読書によって私たちは文字を覚え，書き言葉に慣れていく。語彙を増やし表現方法を身につけていく。全ての言語活動，「読む」「書く」「話す」「聞く」は，言葉あるいは文字によってなされる。知的活動すなわち判断する，分析する，批判する，推測する，統合する，表現するなどの活動もまた全て言葉や文字によってなされる。

読書の目的について，M.J. アドラーと C.V. ドーレンは，『本を読む本』（講談社　1997）の中で，教養書と文学書の 2 つに分けて説明している。教養書を読むのは「情報を得るため」と「理解を深めるため」であり，そのためには「判断力と理解力，すなわち知性をはたらかさなければならない」という。一方，文学書については，「文学が伝えるのは経験それ自体で，それは読む作業によってのみ読者が得ることができる経験であり，うまく伝えられれば読者は何らかの喜びを得る」と述べ，「何か経験するには感覚と想像力を用いなければならない」という[6]。

人として成長の途上にある児童生徒は，読書によって言葉の力を身につけ，知性を育み，感性や想像力を高めることが重要である。

（3）「読む力」から「生きる力」へ

読書には「読む力」が必要である。読む力は「耳からの読書」と言われる読み聞かせから始

まる（図1－3）。集中して聞くことを通してイメージする力がついてくる。拾い読みからだんだんと文章をまとまりとして理解できるようになり，知性を働かせながらさまざまな読み方ができるようになる。

　アドラーの述べる知識や情報を得るための読書体験の積み重ねは，分析する，比較する，批判する，推測するなどの知性を育み情報を使う力を育成していく。

　他方，経験を与えてくれる読書体験の積み重ねは，喜びや悲しみの感情体験を一連の流れとして提供し感情管理の方法を教え，著者の構築した読者とは異なる価値観の世界と出会わせ，人間性を豊かにし人としての成長を促す。そしてこれら2つのタイプの読書体験の蓄積があいまって，児童生徒に主体的に生きる力を醸成していく。

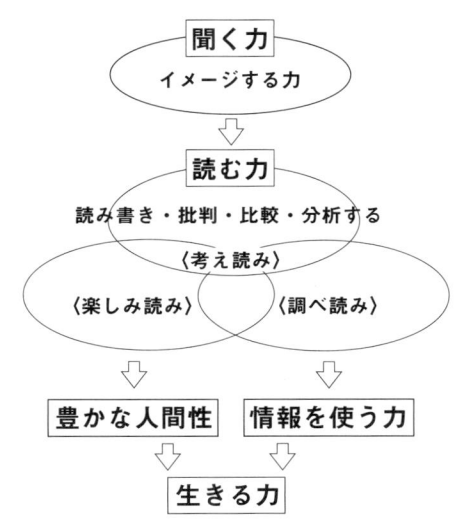

図1－3　「読む力」から「生きる力」へ

（4）読書活動の拠点

　読書は言葉の力を育むといっても，この言葉や文字をはじめとした国語力の指導は国語科の領域である。しかし，その国語力の育成を，他教科等の学習指導をはじめとして全ての学校生活，さらに家庭生活にまで敷衍して読書活動という形で国語力を活用・応用していく拠点となるのが読書センターとしての学校図書館である。国語科の指導が読書材の内容をもとに展開するのに対して，学校図書館では，児童生徒と本の世界とを出会わせること，児童生徒が必要としている読書材を必要な時に適切に出会わせることに腐心する。読書活動を啓発し，読書習慣を身につけるように指導する。

　なお，「読書」の対象は印刷体の図書ばかりではない。新聞や雑誌は言うに及ばず，電子書籍やインターネット上の情報も，メディアミックス化した物も含めて，読む世界は広がっている。

ステップアップ表

	ステップ1 ▶	ステップ2 ▶	ステップ3
読書センターとしての学校図書館	□児童生徒が読みたい本を見つけることができる □おすすめの本を展示したり新着図書リストを作成したりしている	□授業で利用できる読書材がある □学校図書館担当者が読書推進活動を計画的に実施している	□読書指導が計画的に体系的に実施されている □読書推進活動が全校で計画的に実施されている

1.3 学習センターとしての学校図書館

キーワード：
学習センター，学校図書館法，教育課程の展開，PISA，読解力，学習指導要領，言語活動の充実，主体的・対話的で深い学び，カリキュラム・マネジメント，授業改善

（1）学習センター機能

1953年の学校図書館法には次のように学校図書館が定義されている。

　第二条　この法律において「学校図書館」とは，……学校の教育課程の展開に寄与するとともに，児童又は生徒の健全な教養を育成することを目的として設けられる学校の設備をいう。

この条文の「学校の教育課程の展開に寄与する」ことが学習センター機能に対応すると言える。上記条文では「健全な教養を育成する」読書センター機能よりも前に「教育課程の展開に寄与する」学習センター機能が明記されていることに注目すべきである。学校図書館は授業に使われなければ学校図書館ではないのである。学習活動に知識や情報を取り入れることによって理解が深まり多様な考え方に出会い，学びへの関心がかきたてられ己の思考も深まり広がっていく。協働的な学びによって発見や思考が共有され，さらに豊かな授業が展開されていく。

（2）児童生徒に求められる力

2000年から3年ごとに実施されている経済協力開発機構（OECD）の生徒の学習到達度調査（PISA）により，PISA型読解力が注目を浴びてきた。このPISAの科学的リテラシーを中心に調査した2006年の結果についてOECD事務総長アンヘル・グリアが，2007年12月に次のように述べている[7]。

　（前略）科学的な疑問を認識すること，つまり科学的に探ることができる問題を認識し，科学的探求に必要な要素を見つけ出すという課題では，日本の生徒は苦労している。つまり，日本の生徒は，初めて出会う状況で，知識を応用する必要がある場合，困難に直面するということである。

　これは重要な点である。なぜなら，もし生徒が単に科学的知識を記憶し，その知識とスキルを再現することだけを学習しているとのだとすれば，彼らは将来の労働市場に出たときに必要とされるスキルを身につけていないからだ。

このPISAや，国際数学・理科教育動向調査（TIMSS）や全国学力・学習状況調査等の結果も背景にあって，2008年に改訂された小・中学校学習指導要領（高等学校と特別支援学校

の学習指導要領の改訂は 2009 年）には，「言語活動の充実」が強調され，総合的な学習の時間の目標として次のことが掲げられていた[8]。

> 横断的・総合的な学習や探究的な学習を通して，自ら課題を見付け，自ら学び，自ら考え，主体的に判断し，よりよく問題を解決する資質や能力を育成するとともに，学び方やものの考え方を身に付け，問題の解決や探究活動に主体的，創造的，協同的に取り組む態度を育て，自己の生き方を考えることができるようにする。

また，2017 年改訂の小・中学校学習指導要領には，「主体的・対話的で深い学び」の語が多用され，「カリキュラム・マネジメント」や「授業改善」の文字が散見される。

（3）資料・情報を活用する学び

学校図書館は，適切な資料・情報へのアクセスを保障することを通して教育課程の展開に寄与する。資料・情報の活用経験の積み重ねによって，「読む力」は「読んで理解できる→自分で考える→それを自分で表現する」という「読める力」・「確かな学力」へと高められていく。これは 2017 年改訂の学習指導要領のポイントに述べられている「言語能力の確実な育成」と重なる。

さらに，資料や情報を根拠として用いる学びがこれまで以上に求められている。単なる思いつきや感想ではなく，知識や事実を思考の材料や根拠として用いて深い学びを作っていく。料理に食材が必要であるのと同様に，思考にも材料が必要なのである。あるテーマを考えるために，関連する図書や雑誌記事，新聞，ウェブページなどを収集する。それらを読む，分析する，比較する，統合する，そしてまとめ発表する。料理する場合，食

図 1 － 4　インプットとアウトプット

材が新鮮で豊富にあるほど，料理人の腕がいいほど，一般的においしいものが出来上がる。同様にあるテーマを考えるのにも，適切な情報や資料が十分にあり，それを読み取る力が高いほど，発信する内容の質は高まる。図 1 － 4 のように，インプットする力（適切な資料・情報を収集する力）とそれを料理する力（思考力・判断力・表現力など）と，アウトプットする力（発信・評価する力）を，資料や情報を活用する学びの中で培っていくことが肝要である。

（4）学校図書館の利活用

学習において活用する資料や情報の種類は，図書，新聞，雑誌，視聴覚資料，電子資料，ネットワーク情報資源と幅広い。歴史的情報，現代的情報，地域的情報，政治的情報など，求められる情報も幅広く，テーマによって図書が役立つ，新聞記事が役立つ，ウェブページが役立つ

場合などさまざまである。資料活用の目的も，単元内容を補足したり展開したりするため，単元内容に関連した事柄を調べるため，ある事柄を判断する材料・根拠とするため，制作のサンプル・モデルとするため，読書材とするためなどと多様である。

　学校図書館の利活用についてまとめたものが図1－5である。3つの機能は重なる部分があるが，学習センターとして資料や情報を提供することにより，学習は豊かになり深まる。児童生徒は言語能力を確実に高め，根拠をもとに思考し表現する力を伸ばしていく。資料活用へのニーズが，教科や学年に共通する場合は，それに計画的に対応することにより，学校図書館側の労力も教員の労力も軽減でき，それが授業改善にもつながっていく。また，司書教諭は情報活用能力育成のプロであり，学校司書は資料・情報のプロである。学校図書館の利活用は資料や情報の活用だけではなく，教師が司書教諭や学校司書と協働することをも含めたものである。

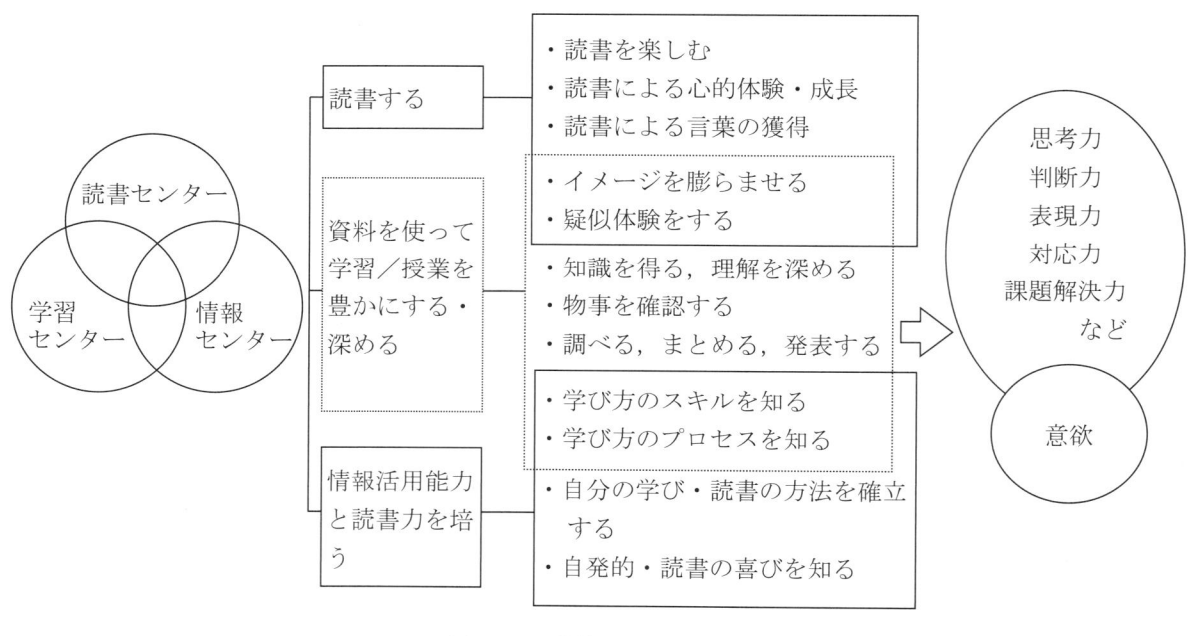

図1－5　学校図書館の利活用

ステップアップ表

	ステップ1 ▶	ステップ2 ▶	ステップ3
学習センターとしての学校図書館	□授業で利用できる資料がある □一部の教師が授業に図書館を活用している	□授業に関連した資料が十分に入手できる □多くの授業で図書館が活用されている	□全教科で図書館活用の授業が計画的に実施されている □司書教諭や学校司書がＴＴとして授業に参加している

1.4 情報センターとしての学校図書館

キーワード：

情報センター，パスファインダー，教科横断的，情報活用能力（情報リテラシー），探究プロセス，探究的な学習，指導事項体系表，年間指導計画，カリキュラム・マネジメント

（1）情報センター機能

情報センターとしての学校図書館は，児童生徒や教職員のさまざまな情報ニーズに対応して，質問への回答を提供したり，資料・情報を提供したり，パスファインダーや資料リストを作成したりなどする。また，教科横断的な情報活用能力の育成にあたるのも重要な機能である。

情報活用能力の育成は，情報社会の進展にともない 1990 年代から研究されてきており，図書館利用指導の延長線上に生まれたものである。

図書館では 1960 年代から，図書館を効果的に使ってもらうために資料の分類法や配架法について利用者に説明することの必要性を認識してきた。しかしこの方法では，他館を利用するときに転移する力とはならないことが指摘され，1970 年代に開発されたのがパスファインダーであった。これはひとつのテーマについて，さまざまな情報源を説明するリーフレットである。これに沿って資料を利用していけば有用な情報が得られるという道筋（path）を見つけるもの（finder）である。しかし求められる全てのテーマについてパスファインダーを作成することは無理であり，またその図書館の蔵書を前提として作成されるのでやはり転移が利かない。そこで 1990 年代になって開発されたのが，探究プロセスを体験させて探究方法を身につけさせる方法であった。

このように，図書館利用指導は，ある図書館の利用方法を教えることから，自分で探究プロセスを創り課題解決に対応できる情報を使う力，つまり情報活用能力の育成へと変化してきたのである。

（2）情報活用能力とは学び方を学ぶ力

情報活用能力（情報を使う力，情報リテラシー）は，インフォメーション・リテラシーの訳語である。1974 年に米国情報産業協会会長のツルコウスキーが，情報産業に携わる人には情報リテラシーが必要であり，図書館がその育成をするとよいという提案を出した。しかし情報化社会の進展は目覚ましく，情報リテラシーはすぐに情報産業に携わる人だけではなく，全ての人に必要であると認識が改められた。その情報リテラシーはアメリカ図書館協会「情報リテラシー委員会最終報告書」により次のように説明されている[9]。

*　情報リテラシーがあるというのは，情報が必要であるときを認識でき，必要な情報の所在を知り評価できる能力をもち，必要とした情報を理解し，効果的に利用できる能力をもつということである。*

*　……（略）……つまり，情報リテラシーのある人とは，学び方を知っている人である。学び方を知っているというのは，知識を通して学習することができるように，知識がどのように整理されていて，どのように情報を見つけだせばよいか，どのように情報を利用したらよいかを知っていることである。*

　我が国では，2008年改訂の学習指導要領に探究的な学習が強調され，学習指導要領解説の総合的な学習の時間編に図1－6と説明文が掲載された。この図と説明文は小学校，中学校，高等学校の指導要領解説に共通のものであり，2017年改訂の解説にも同様の図と説明が記載されている。

　なお，情報活用能力というと情報科で指導するものという先入観があるが，情報科はコンピュータによる情報を扱うのが前提であり，学校図書館では，印刷資料から視聴覚資料，電子資料，ネットワーク情報資源まで多様なメディアを扱うことを前提とした情報活用能力なのである。

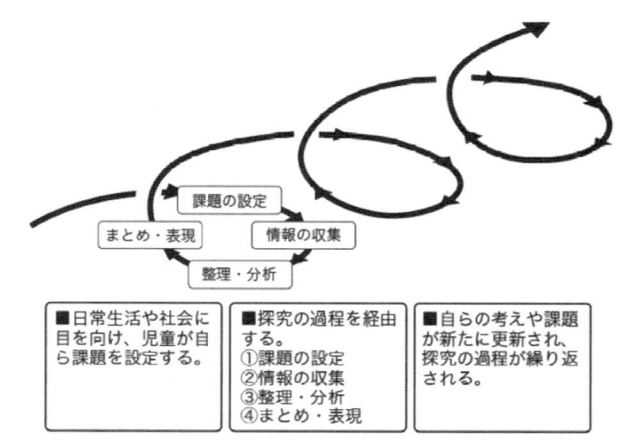

図1－6　探究的な学習における児童の学習の姿[10]

（3）探究的な学びはプロセス重視

　探究的な学びはプロセスを重視したものである。探究のプロセスモデルとして，1990年代からいくつかのモデルが発表されてきたが，よく知られているものに「big 6」モデルがある。これには探究のプロセスが6段階で示されている。図1－6の文部科学省（以下，文科省）のモデルは，「課題の設定」「情報の収集」「整理・分析」「まとめ・表現」の4段階で説明されている。ここでは，文科省の4段階モデルで説明していこう（図1—7）。

　まず，何かの課題に出会ったときには，何が課題となっているのかを明確にし，解決のためにどのように情報が必要かを考える（課題の設定）。次に利用可能な情報源を考え，情報源の所在を確認し収集する（情報の収集）。収集した情報源を利用して適切な情報を取り出し分析・統合する（整理・分析）。そしてまとめたものをいろいろな形で表現する。またその成果やプロセスを評価する（まとめ・表現）。このプロセスを，試行錯誤しながら行ったり来たりして繰り返し体験していく。何度も体験する中で，自分は今，どの段階にいるのか，どこへ向かって行けばよいのかを認識できるようになり，見通す力，推測する力を高め，自分で探究のプロ

セスを作ることができようになる。その体験は，意欲的に取り組み最後まであきらめない児童生徒を育てる。かれらは，初めて出会う状況でも推測して行動できるようになるのである。その探究プロセスには，情報探索の仕方や情報カードの書き方など，情報スキルの指導や，思考を見える化するシンキングツールの利用などが含まれる。そし

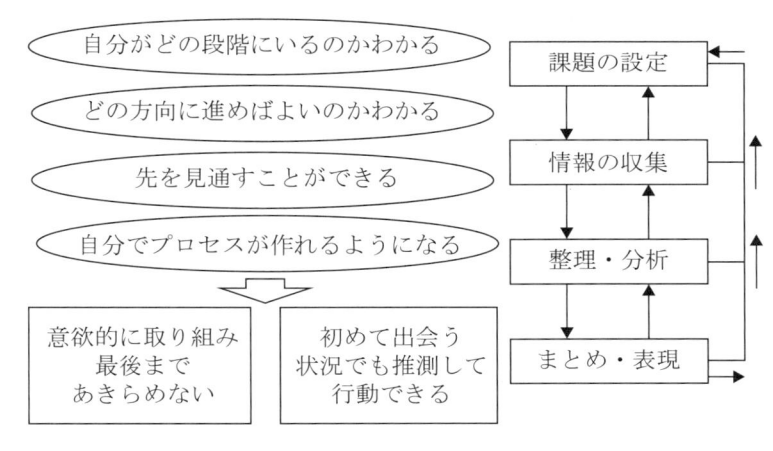

図1−7　探究的な学び

て重要なのが，「今必要なのはどのような情報か」「それはどのように探したらよいと思うか」など指導・支援者が問いかけをし児童生徒に自身で考えさせたり，協働的な学びの形態を取り入れたりすることである。これが主体的・対話的な深い学びを実現させる。

（4）カリキュラム・マネジメントの必要性

　情報活用能力の育成は，個々の教員が思いついた時に教えればいいというものではない。

　「教科等の目標や内容を見渡し，特に学習の基盤となる資質・能力（言語能力、情報活用能力、問題発見・解決能力等）や現代的な諸課題に対応して求められる資質・能力の育成のためには、教科等横断的な学習を充実する必要」[11] がある。そのためには，情報活用能力の育成の必要性を全校で共通認識し，情報活用能力の指導事項体系表を作成し，どの教科のどの単元で，どの段階（習得：スキルとして教える，活用：教科の内容と統合して教える，探究：自分で課題を設定して調べてまとめて発信する）で教えるかなど，全教科を見渡して年間指導計画を作成して計画的に効率的に指導することが必要である。これを実現するためには，カリキュラム・マネジメントが実施され、それに司書教諭が含まれることが必須である。

ステップアップ表

	ステップ1	ステップ2	ステップ3
情報センターとしての学校図書館	□情報活用能力の育成について一部の教職員が認識している □一部の教職員が図書館を活用して探究的な学習を実施している	□学校図書館活用の年間計画が作成・実施されている □一部の教職員が情報活用能力の指導をしている	□情報活用能力の指導事項体系表や年間指導計画が作成され実施されている □情報活用能力に関してカリキュラム・マネジメントが行われている

【注・引用文献】

[1] 文部科学省「米国教育使節団報告書」〈http://www.mext.go.jp/b_menu/hakusho/html/others/detail/1317998.htm〉2018年3月6日アクセス

[2] 深川恒喜 [ほか] 編 (1983)『現代学校図書館事典』ぎょうせい　p.20

[3] デューイ著, 宮原誠一訳 (1957)『学校と社会』岩波書店　p.85

[4] 同上　p.86

[5] 文部科学省「幼稚園教育要領, 小・中学校学習指導要領等の改訂のポイント」〈http://www.mext.go.jp/a_menu/shotou/new-cs/1384662.htm〉2018年3月6日アクセス

[6] アドラー, M.J, ドーレン, C.V. 著, 外山滋比古, 槇未知子訳 (1997)『本を読む本』講談社　p.200

[7] 経済協力開発機構 (OECD)「年調査　結果発表」〈http://www.oecd.org/education/school/programmeforinternationalstudentassessmentpisa/name,70255,en.htm〉2018年3月6日アクセス

[8] 文部科学省「小学校学習指導要領　第5章　総合的な学習の時間」〈http://www.mext.go.jp/a_menu/shotou/new-cs/youryou/syo/sougou.htm〉2018年3月6日アクセス

[9] American Library Association (1989)「Presidential Committee on Information Literacy: Final Report」〈http://www.ala.org/acrl/publications/whitepapers/presidential〉2018年3月6日アクセス

[10] 文部科学省 (2008)『小学校学習指導要領解説　総合的な学習の時間編』p.16

[11] 文部科学省「幼稚園教育要領, 小・中学校学習指導要領等の改訂のポイント」〈http://www.mext.go.jp/a_menu/shotou/new-cs/1384662.htm〉2018年3月6日アクセス

（2章） 学校図書館の運営

2.1 学校経営の一環としての学校図書館運営

キーワード：

校長は学校図書館長，学校経営，学校経営方針，校長のリーダーシップ，学校図書館運営計画，

学校図書館年間計画，PDCAサイクル

（1）校長の役割とリーダーシップ

　学校図書館を計画的に利活用し，児童生徒の主体的・意欲的な学習活動や読書活動を充実させ学校教育を支援するためには，学校経営の一環として学校図書館が運営される必要がある。そのためには，学校経営のトップに立つ校長に学校図書館の役割を十分に理解してもらうことが重要である。校長を学校図書館長に発令している自治体[1]があるが，そこでは校長が学校図書館の運営と活用を図り学校図書館運営委員会を開催し，校内の連携が深まっているという。全校で児童生徒の読書活動の質の向上に努めるようになり，学校経営のトップが学校図書館長になることで全教職員の意識向上につながり成果が出ている。

　学校では年度当初に校長が学校経営方針を決定することになっているが，その中に読書推進や図書館の活用を盛りこみ，学校図書館を学校教育に位置付けることが重要である。そして校内で図書館の運営組織を明確にし，職員が入れ替わっても機能するように学校に応じた体制作りを行う。このように校長がリーダーシップをとることで，学校教育の一環を担う図書館運営が実現するのである。また管理職が普段から始業式や終業式などで本を話題とした講話をする，児童生徒に向けて推薦図書を紹介する，実際に学校図書館に足を運び児童生徒の過ごし方や授業での様子を見る，また図書館行事に参加するなど図書館運営に関与することで，教職員間に学校図書館を活用するという共通意識が広がるのである。

（2）学校経営方針と学校図書館運営（年間）計画

　学校経営方針は，校長が学校経営計画として年度ごとに作成をするもので，目指す学校目標に向けてどのような学校づくりをするかを，中期目標（3年から5年間を見通した目標）と今年度の重点目標，具体的な数値目標を策定して公表することになっている。各学校ではその経営計画に基づき学校の教育目標やその目標を達成するための基本方針・指導の重点などを設定している。目標や計画を達成するためには，校長のリーダーシップの下，全教職員の間で状況や課題を共有することが大事である。

　学校図書館が策定する学校図書館運営計画も，学校経営計画や教育目標に基づき学校図書館運営委員会等（2.2参照）が作成することが基本になる。学校図書館運営計画の中に設定する

目標は，現場の様子をよく見ている学校司書が積極的に計画策定に関与することでより実現性のある目標を設定することができる。そして策定された学校図書館運営計画をもとに，学校全体の年間指導計画に対応して学校図書館年間計画を作成する。例えば月ごとに4月から3月までの図書館行事，計画内容，委員会活動予定などを入れて，小学校の場合には学年ごとに前年度の授業内容なども参考にし，また教員と意見交換をしながら計画を立てる。中学校では教科での調べ学習の予定や遠足，修学旅行，職場体験の作業予定なども入れる。高等学校では学校により特色があるのでそれに対応した計画を策定することが考えられるが，授業での利用などは急に入ることも多いので，シラバスがあれば参考にして予測をたて，毎年恒例の内容を考慮し教員に確認しながら策定する。

（3）学校図書館運営とPDCA サイクル

　学校経営計画は，目標（Plan）－実行（Do）－評価（Check）－改善（Action）という PDCA サイクルに基づき，継続的に改善していく必要がある。目標を定めるにあたっては，学習指導要領に位置付けられた全ての教科や特別活動・総合的な学習の時間が対象とされていて，教育課程，学習指導，進路指導，生徒指導，保健管理，安全管理，組織運営，教育環境といった視点から検討して計画を策定することになる。しかし全てを網羅して取り組むのではなく，学校の特色に応じた取り組みをさらに促進するための目標設定を行うことが重要である。特に高等学校にはいろいろなタイプの学校があるので「学校が伸ばそうとする特色や解決を目指す課題に応じて精選する」[2]目標を設定する。そして目標を実行しながらさまざまな観点で評価を行い，見直しながら改善をしていく。

　学校図書館の運営も，業務の継続的改善を実現するためには，PDCA サイクルを運用することが適切と考えられる。また学校評価の中に図書館教育に関する内容を加えて学校図書館の評価を行っていくことが求められる。さらに評価に基づきフィードバックをすることが学校図書館の活性化につながっていくのである。

ステップアップ表

	ステップ1 ▶	ステップ2 ▶	ステップ3
学校経営の一環としての学校図書館運営	□学校経営方針に学校図書館の記述がある □学校図書館担当者が学校経営の一環として図書館を運営している認識をもっている	□学校経営計画に読書推進や図書館活用が盛り込まれている □校長がリーダーシップをとって図書館経営にあたり教職員間の共有を図っている	□学校評価の中に学校図書館活用評価が含まれている □学校図書館がPDCAサイクルで運営されている

2.2 学校図書館運営の組織

キーワード：

校務分掌，学校図書館内組織，学校図書館運営，運営規定，図書館全体計画，児童生徒図書委員，校内体制

（1）学校図書館の組織

　学校教育の目標を実現させる学校図書館運営を行っていくためには，実際に学校図書館の業務に携わる組織づくりが大事であるが，その体制や運営方法などは学校によってさまざまである。組織として図書部や図書館を運営する校務分掌・委員会などがあるか，校長・教頭・担当教員・図書主任・司書教諭・学校司書等で構成されているか，図書館全体計画や年間計画を策定し運営が行われているかなどを確認する。校内に組織として位置付けられている場合は，図書館活用が学校全体につながるように情報を共有することが大切であり，司書教諭が教員間の連携をとり，学校司書が一緒に体制づくりを行うことが重要となる。

　校内体制が整っていない学校は，まず管理職・校長に学校図書館の意義や重要性を認識してもらい，教員間に理解を広げ分掌上での位置付けができるようにする。

　また学校図書館担当者だけではなく学校図書館について学校全体で話し合い，評価する学校図書館運営（経営）委員会を別に設置することも必要で，年に数回会議を行うことを目指す。

（2）学校図書館と運営規定

　学校図書館の運営について必要な事項を定めた運営規定は，設置を定めた組織規程タイプのものから，学校図書館の実務に即した手引きのマニュアル形式まで，小・中・高等学校，それぞれ策定をしている学校がある。新任者や担当者交代の際などには引継ぎ資料として重要となるので，随時更新しながら作成し活用していくことが望ましい。

（3）図書委員会活動

　図書委員会は，小学校では児童会活動，中学・高等学校では生徒会活動のひとつとして位置付けられ，児童生徒が主体的に取り組む活動となっている。学校によって異なるが，各学級で選出された図書委員で構成され，図書委員長，副委員長，書記などを置き，校内の規約などで運用されている場合が多い。小学校では５・６年生の児童で組織され，中学・高等学校では全学年が参加し，活動内容は，班活動，カウンター業務，書架整理，図書整理，広報活動などを基本としている。図書委員会は図書館の当番や仕事の手伝いのイメージが強いが，委員の児童

生徒が自主的に図書館運営に関わっていくことで，図書館が活性化し一般の児童生徒にとっても身近な存在となることができる。それ以外の活動例では，小学校で図書委員が低学年に紙芝居や大型絵本の読み聞かせをする，子ども読書の日にイベントを行う，中学校では本の紹介ポップ作成，行事や授業・ニュースに関連した展示コーナーづくり，文化祭でブックトーク，読書フェスティバル参加など，高等学校では広報誌発行，文化祭で古本市，見学会，出前図書館など多様な活動をしている例もある。子どもたちのアイデアは他の児童生徒の共感を呼ぶものが多いので，司書教諭や担当教員，学校司書の支援のもとでできるだけ実現できるようにしたい。

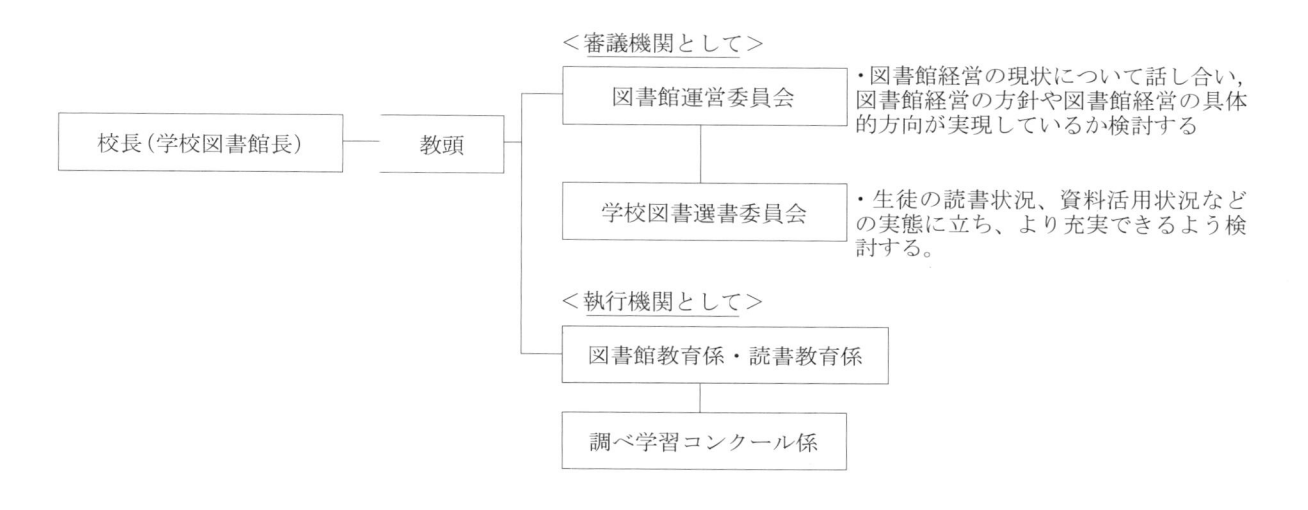

図2−1　長野県茅野市立長峰中学校の学校図書館経営の組織図[3]

ステップアップ表

学校図書館運営の組織	ステップ1	ステップ2	ステップ3
	□校内組織の中に学校図書館を運営する分掌・委員会がある □児童生徒が参加する図書委員会がある	□学校図書館の運営について必要な事項を定めた運営規定・マニュアルがある □図書委員が司書教諭や学校司書の指導のもとで当番や活動を行っている	□学校全体で話し合い評価する学校図書館運営委員会が設置されている □図書委員が自主的に活発な活動を行い図書館が活性化している

2.3 学校図書館の利用と広報

キーワード：

学校図書館の運営，開館時間，利用案内，ホームページ，図書館だより，広報活動，利用指導，ガイダンス，読書推進活動，オリエンテーション

（1）学校図書館の利用と広報

　学校図書館は，授業での利用や読書に親しむ場としてだけでなく，児童生徒にとって心の居場所となることが多い。したがって図書館は，児童生徒が登校してから下校する放課後の時間帯まで，授業日には土曜日も含め，職員体制を考慮しながら毎日開館することに努める。また夏休みなどの長期休業期間には開館日を設定し読書や学習の場を提供する。開館日や休館日が分かる図書館カレンダーを，行事予定のスケジュールと一緒に月ごとに作成し校内や図書館に掲示すると児童生徒にも分かりやすい。

　また学校図書館の顕在的・潜在的利用を推進・促進するために，広報を行うことが重要である。広報は，図書館からの働きかけで情報提供をし，活用につなげるコミュニケーション活動である。実際の広報活動には，利用方法を説明するガイダンス（これは学習指導として行う場合もある），広報用資料の作成，広報を目的とした図書館活動の企画・運営などがある。

（2）学校図書館利用案内と利用指導（ガイダンス）

　学校図書館の利用について，本の貸出や返却の方法，貸出冊数と期間，予約・リクエストの方法，資料の探し方や守ってほしい規則などをまとめ，利用案内の冊子またはパンフレットを作成し配布する。小学校では分かりやすく図書館内に掲示している場合が多い。中学や高校ではオリエンテーション資料に掲載し説明を行っている。また生徒手帳に図書館利用規定を掲載している学校も多いので，生徒手帳を改訂する際には記載内容に変更がないか確認する。

　利用指導（ガイダンス）は，4月に新入生オリエンテーションが設定されている学校では，図書館の説明の時間を確保して図書館オリエンテーションを実施する。その際は司書教諭と学校司書で資料を準備し学校に応じた内容で行う。

　小学校では国語や社会の教科書に図書館の利用教育に関する単元が含まれ，1年生から6年生まで段階的に学んでいき，学校図書館を活用することが求められているので，それに対応できるように図書館内を整備しておく必要がある。本を探しやすいように館内案内図，書架見出しやサインを作成する，NDC の分類方法や概念が分かるような掲示をする，館内で迷う児童には個別に指導するなどの対応を心掛ける。

（3）学校図書館の広報用資料と情報発信

　広報用資料としては，図書館だよりや新着図書・おすすめ図書リストなどの作成・発行が各学校で行われている。形式は自由で構わないが，絵や図・写真を入れて読みやすく，タイムリーな内容で児童生徒の関心が高められ，図書館から効果的な情報発信ができるように工夫する。印刷配布，クラス掲示，壁新聞など学校の状況に応じて，なるべく定期的な発行を心掛ける。著作権や個人情報に配慮し，特に児童生徒の写真などを使用するときには必ず本人だけでなく保護者の許可を得るようにする。ポスターや展示は興味関心を引く視覚的なものを心掛ける。広報紙・誌は家庭に持ち帰ることを前提に考え，学校での児童生徒の様子やお知らせなどを掲載すると，家庭とのコミュニケーションを図るツールとなる。また教職員向けの広報も大事で，教職員にも使える図書館をアピールする。

　学校のホームページは家庭・保護者，地域に向けての重要な情報発信ができる場として活用する。図書館独自のページを作成し利用案内，お知らせ，広報物や写真の掲載などが考えられるが，あまり無理をせずこまめに更新ができるものを学校の担当者と相談しながら行う。

（4）学校図書館の広報を目的とした活動

　学校図書館の広報活動として日常的に，読書は楽しいということを呼び掛け，朝の読書や授業でも読書に親しむ機会を多く設定できるように働きかける。そして年間行事計画に沿って読書週間や読書月間を実施，ポップコンテストや読書フェアなどを図書館が企画・運営し，図書委員に活躍してもらうことで児童生徒の関心も高まる。さらに読み聞かせ，パネルシアター，ストーリーテリング，ブックトーク，アニマシオン，ビブリオバトルといった手法を取り入れながら広報活動を展開すると内容の幅が広がる。七夕の笹飾りやハロウィン，クリスマスツリーなど楽しい展示や装飾をしている小学校や，授業と連携して読書マラソンを実施している中学校，スタンプラリー，個人カード発行，福袋などを実施している高校など，工夫して取り組んでいる学校も多いので参考とする。

ステップアップ表

	ステップ1 ▶	ステップ2 ▶	ステップ3
学校図書館の利用と広報	□学校図書館は授業日には基本的に毎日開館している □年間行事に読書週間や読書行事等が入っている	□学校図書館担当者による図書館オリエンテーションが実施されている □図書館の広報活動として図書館だよりや新着案内などが発行されている	□学校図書館主催の広報活動や行事・イベント等が積極的に実施されている □学校のホームページ等，学校図書館広報に多様なメディアを用いている

2.4 他校図書館や他機関との連携

キーワード：

学校図書館，公共図書館，博物館，公民館，学校図書館支援センター，連携・協力，ネットワーク，相互貸借

（1）学校図書館と公共図書館の連携

　学校図書館は教育課程の展開に寄与するために，資料を収集し提供できるように整備されることが大事であるが，所蔵容量も予算面でも限界があり資料の不足は避けられないので，地域の公共図書館や他校図書館との連携が必要となる。公共図書館は学校支援として団体貸出サービスを提供している場合が多いので，授業で必要な本や学級文庫用の図書を一定期間借り受けて活用することができる。また公共図書館の司書が学校訪問をして読み聞かせやブックトークを実演する，図書館で職業体験や一日図書館員を受け入れるなど多くの支援事業を行っている。さらに司書教諭や学校司書を支援するサービスや研修，連絡会，講演会を実施しているケースもあり，どのような支援が受けられるか地域の公共図書館に確認し，積極的に活用する。

（2）学校図書館と他の機関とのネットワーク

　学校図書館は，他の学校や公共図書館と連携し資料の横断検索や相互利用ができるようにすることで，読書環境が向上し資料提供が保証され学校図書館の活性化につながる。

　文科省はこれまでに学校図書館の情報化とネットワーク化を推進するための事業[4]を行ってきた。その成果として全国的に学校図書館の蔵書がデータベース化され，公共図書館とネットワークでつながる地域が広がっている。全校に学校司書が配置され，地域の小・中学校と公共図書館で物流ネットワークが形成，資料の相互貸借が行われ情報の共有化が進んでいる自治体もある。また自校にない図書を公共図書館や他の学校から借りるだけでなく，教員が単元名や学習内容から図書を依頼できるシステムや，配送システムが学校に負担が少なく本が借りやすく整備され運用が進んでいる地域もある。

　このように情報ネットワークと学校図書館支援システムが整備され，さまざまな取り組みを行っている自治体がある一方で，小・中学校の学校図書館にパソコンが全くないなど，学校間によって格差がある。全ての学校図書館蔵書のデータベース化，公共図書館や他の学校とネットワーク構築といった整備に向けて，各自治体や教育委員会，学校での共通理解が必要である。さらにこれからはアクティブ・ラーニングなどの思考力を重視する学習が広がり，自ら課題を発見し，探究的な学習や教科横断的な内容が増え，図書館にも多様な資料や情報の提供を求め

てくることが考えられ，それに対応できる図書館づくりが必要である。自治体によっては，総合目録ネットワーク機能・郷土情報ネットワーク・レファレンスデータベース機能を統合した電子図書館システムを構築している例もある[5]。さらに地域と学校の協働が進んでいる学校運営も報告[6]され，各学校で取り組みが広がることが予想される。学校図書館も博物館・美術館・郷土資料館，公民館や生涯学習グループ，家庭文庫・ボランティアグループ，NPO 団体など地域と協働した活動を目指したい。

（3）学校図書館支援センター

　学校図書館支援センターは，「地域内の学校図書館の運営や活用，学校図書館間の連携などに対する支援を目的として，教育委員会事務局または公立図書館内に設けられたセンター」[7]である。文科省が行っていた学校図書館支援センター推進事業[8]で設置され継続している自治体もある。その役割は学校図書館の運営や活用を支援し，学校図書館と公共図書館，学校図書館同士の連携・協力の拠点として活動することである。教育委員会に設置されることが多いが，都道府県立図書館に設置されているケース[9]もあり，その自治体では就学前から高等学校まで一貫した見通しを持った学校図書館活用教育を推進，学校教育をバックアップし，資料の貸出から研修支援，訪問相談，郷土資料の共同利用や特別支援学校支援なども含まれた内容となっている。学校図書館は小・中・高等学校から大学や生涯学習へとつながるステップであり，学校で形成された読書習慣は生涯にわたる学習活動の基点になる。学校図書館支援センターの役割も，図書館活用教育を将来につなげることを支援していると考えられる。このような取り組みを，学校図書館からも推進するような意識を持つことが必要である。

ステップアップ表

	ステップ1 ▶	ステップ2 ▶	ステップ3
他校図書館や他機関との連携	□学校図書館担当者が地域の公共図書館の学校支援サービスについて知っている	□公共図書館の団体貸出などのサービスを利用している □授業として児童生徒が「図書館訪問」などを行っている	□地域の公共図書館や学校図書館間における連絡会等がある □地域の公共図書館や学校図書館のネットワークが構築され相互貸借などが行われている

【注・引用文献】

[1] 長野県茅野市教育委員会 (2018)「第3次茅野市こども読書活動推進計画（案）」〈http://www.city.chino.lg.jp/www/contents/1517474980768/files/keikakuann.pdf〉2018年2月15日アクセス

[2] 文部科学省 (2016)「学校評価ガイドライン」平成28年改訂〈http://www.mext.go.jp/component/a_menu/education/detail/__icsFiles/afieldfile/2016/06/13/1323515_02.pdf〉2018年2月15日アクセス

[3] 長野県茅野市教育委員会 (2016)「平成28年度　長峰中学校図書館経営方針」『平成28年度　学校図書館経営方針』

[4] 文部科学省「子どもの読書活動推進活動ホームページ」〈http://www.mext.go.jp/a_menu/sports/dokusyo/suisin/04090801.htm〉2018年2月15日アクセス

[5] 岡山県立図書館「デジタル岡山大百科」〈http://digioka.libnet.pref.okayama.jp/〉2018年2月16日アクセス

[6] 文部科学省 (2016)「『地域と学校の連携・協働の推進に向けた参考事例集』について」〈http://manabi-mirai.mext.go.jp/assets/files/sankojirei.pdf〉2018年2月16日アクセス

[7] 日本図書館情報学会用語辞典編集委員会 (2013)『図書館情報学用語辞典』第4版　丸善出版

[8] 文部科学省「学校図書館支援センター推進事業」平成21年度から24年度〈http://www.mext.go.jp/a_menu/hyouka/kekka/08100105/020.htm〉2018年2月16日アクセス

[9] 鳥取県立図書館「学校図書館支援センターについて」〈http://www.library.pref.tottori.jp/support-center/post-3.html〉2018年2月15日アクセス

【参考文献】

○岡山県「情報ハイウェイ構想について」〈http://www.pref.okayama.jp/page/detail-8219.html〉2018年2月15日アクセス

○富永香羊子 (2012)「市川市教育センターにおける学校図書館支援の在り方」『明治大学図書館情報学研究会紀要』3　明治大学図書館情報学研究会　pp.50-59

○毎日新聞「白山市図書館ネット　学校と連携、配送も読書の習慣付けに効果／石川　2017年5月29日　地方版」〈https://mainichi.jp/articles/20170529/ddl/k17/040/191000c〉2018年2月15日アクセス

○三澤勝巳 (2016)「学校図書館と公共図書館の情報サービスにおける連携協力の考察」『跡見学園女子大学文学部紀要』51　跡見学園女子大学　pp.195-213

3章 学校図書館の利活用

3.1　自発的・主体的な学びや創造的な活動の場

キーワード：

可能性，居場所，読書会，講演会，卒業生，地域の人，入りやすい空気作り，環境作り，図書館ガイダンス，レファレンスサービス，読書相談，利用指導，読書案内

（1）学校図書館の可能性

　学校図書館はあらゆる可能性を持っている。児童生徒は「面白い本を読みたい」とふらっと図書館に入って来たり，「ディベートで勝ちたい」と論拠を探しにグループで来たりする。疑問に思った事を自分で解決しに来たり，文化祭の飾りつけのために折り紙の本を探しにきて作り始めたりする。一人ひっそりと読書に耽る児童生徒もいるし，読んだ本の面白かった所を熱を込めて友達に話している児童生徒もいる。学校図書館に居場所を求めてくる児童生徒もいる。また，図書館では読書会や講演会，コンサートを開いたり，ポップコンテストやビブリオバトルなどを催したりもする。校内の児童生徒だけではなく地域の人々や卒業生が参加することもある。学校図書館には，児童生徒や教職員，卒業生や地域の人々など多くの人たちがやってくる。こうしてさまざまな学習／教育活動や学校の文化を創造する活動などが繰り広げられる。

（2）自発的・主体的な利用を促す要素

　児童生徒が，自発的・主体的に図書館を利用できるようにするためには，大切な2つの要素がある。

　1つ目は，図書館があらゆる要望に応えることができるように整備されていることである。そこで，多様なメディアを収集し蔵書を構築し，利用しやすいように整える。図書館に関わる人が作り出す「楽しい」「居心地がいい」空気が，自由で主体的で創造的な活動を促す。また，分かりやすい配架にしサインを効果的にして利用しやすい図書館の環境作りをする。鮮度の良いテーマ展示，情報提供などを心掛けなければならない。新着図書リストやお薦めの本のリスト，パスファインダー，情報カード，参考文献リスト用紙はもとより，付箋やさまざまなワークシートを置き，自由に使えるようにしておく。

　2つ目は，図書館が自由で安心して利用できる施設であることを児童生徒に知らせることである。児童生徒には学校図書館の機能を自由に利用できる権利があることを伝えなければならない。入りにくく，どう利用するのか分からないというような心の障壁をなくす工夫が必要である。そのためには，年度当初に，新入生に対しての図書館ガイダンスなどを行う。その場合，利用の仕方を理解させることに終始することなく，学校図書館の意義・役割・利用者の権利に

ついて丁寧に説明しなければならない。

（3）多様なニーズに応える資料相談

　「泣ける本は？」というものから，「ソーラーパネルの各都道府県の設置状況は？」などという多岐にわたる疑問に対して，「分からなければ相談すればいい」と感じられるようなきめ細やかな資料・情報提供をすることが大切である。利用者が必要とする情報や資料を求めに応じて提供することをレファレンスサービスと呼び，特に読書に関わる相談を読書相談ともいう。

　一人ひとりの疑問に誠心誠意応えることが，利用者の次なる問いを生み出すことにつながる。児童生徒の心の欲求を理解し，その児童生徒にとって必要な本を手渡していくためには，学校図書館担当者は，いつでもどのような相談にでも応えられるように本や情報に対してアンテナを張っておくことが大切である。そしてレファレンス記録を取って情報を蓄積していく。

（4）学習の中で培われた力が土台

　主体的・自発的な興味・関心は，日々の学習の中で培われた基本的な知識が土台になる。しっかりとした土台がなければ，さらなる疑問や探究の発芽はありえない。自由に想像の翼を広げることができ，創造的な活動に応えられる環境があり，それを利用する力を育ててこそ，児童生徒は自発的・主体的に図書館を利用して主体的に学んでいくのである。

　特に小学校は学校図書館との初めての出会いの場となるので，利用指導を繰り返しながら，全ての児童が学校図書館を自在に使えるようになる基礎を築かなくてはならない。読書案内や読み聞かせなどを通して，安心でき，楽しい場所であることを伝えていく。中学校では，思春期の生徒が内面と向き合い，自己を形成していくための場所としての機能が特に必要だろう。個人個人の想いに寄り添う対応を心掛けなければならない。高等学校は，社会とのつながりを意識しながら，自己形成していく時であるため，より一層の個別の対応が望まれる。どの校種であっても一人ひとりに丁寧に寄り添っていく姿勢が必要であることは変わらない。

ステップアップ表

	ステップ1 ▶	ステップ2 ▶	ステップ3
自発的・主体的な学びや創造的な活動の場	□児童生徒の自由な読書や学びができる環境が整っている □図書館ガイダンス（オリエンテーションや利用指導）を年度初頭に実施している	□児童生徒や教職員の多様な利用目的に対応する環境が整っている □図書館ガイダンス（オリエンテーションや利用指導）を必要に応じて実施している	□多様な利用目的に対応してレファレンスサービスやリクエストサービスなどを行っている □図書館ガイダンス（オリエンテーションや利用指導）が計画的に実施されている

3.2 資料提供による学習／教育支援

キーワード：

読書ニーズ，レファレンスサービス，フロアワーク，相互貸借，バリアフリー資料，LLブック，
マルチメディアデイジー，リーディングトラッカー（スリット），レフェラルサービス

（1）読書ニーズに応じた資料提供

　児童生徒は，さまざまなニーズをもって図書館を活用している。楽しむための本を求めている場合もあれば，課題を調べる資料を探す場合もある。逆に小学校の低学年では目的があいまいな場合も少なくない。レファレンスサービスやフロアワークを通じて利用者のニーズを柔軟に受け止め，それぞれが満足のいく適切な資料へと橋渡しを行う。発達段階や学年ごとの興味関心に合わせた資料準備によって，潜在的ニーズへの働きかけや，さらなる読書ニーズの掘り起こしなどを行う。

（2）授業のねらいに応じた資料提供

　教員にとって，授業のねらいに応じた資料があるかどうかが，図書館を活用する授業を決断する上で一番重要な前提条件となる。司書教諭や学校司書は，幅広いメディアの中から適切に収集するために，担任や教科担当者から必要なメディアの種類を聞くことをはじめとして，教科書や学習指導要領を参考にしたりテーマに関するキーワードについて，例えば「戦争」に関するテーマでは「召集令状，防空壕，学童疎開，灯火管制，配給などの資料がほしい」等，担任の希望を聞いたりすることが大切である。その情報により児童生徒が学ぶべき内容が明確になり，授業の中での適切なレファレンス対応につながることも多い。また，学習の最終ゴールのまとめ方も，新聞，リーフレット，意見文，ポスターなど，形式の違いにより情報収集の量や質が異なるので，確認しておく。一人ひとりが異なるテーマで調べる際は，それに応じた資料が最低3冊あることを目安に準備をすすめるとよい。また，1冊の本の中にテーマに関連した情報がどれくらい載っているかも事前に確かめておきたい。（難解すぎる資料や，膨大なデータ，逆に有効な情報が僅かしかない資料は外しておく。）百科事典，年鑑，統計資料，国語辞典・テーマに関する図鑑などは傍に置いておくと理解の助けになる。必要な資料が自館で揃わない場合は，公共図書館や，他の学校図書館との相互貸借を行う。

（3）個の状況に応じた資料提供

　読解力には個人差がある。小学校低学年では，特にその差が大きいので，誰もが意欲的に調

べに取り組めるようにあらかじめ難易度別に資料を把握しリスト化し，授業の中で三者の（担当者,司書教諭,学校司書）誰でも適切な資料を提供できるようにしておくとよい。個別のテーマでそれぞれが調べを進める学習では，調べがどういう状況で進んでいるか把握しにくくなることがあるので，個人カルテや座席表を作成しておく。資料を探せない児童生徒には，目次や見出しに沿って内容の構成を説明し，自分の課題に合う資料か考えるように促す。読むことが苦手な児童生徒には，資料のページをコピーし，ラインを引かせながら，大事な言葉を読み取らせたりする。マンガで表現してあるものが理解や集中を促進する場合もあるので準備しておくとよい。多様な資料の読み取りに慣れないうちは，図や写真に目を奪われて，無秩序に読むことがあるので，大見出し，小見出しなどに着目させたり，ページのどこから読み始めるかなど視線の運び方に注意させ，順序良く読み，情報の意味を正しくつかめるように支援していく。

特別な教育的ニーズや潜在的なニーズのある児童生徒に対してはバリアフリー資料を活用する。LL ブック，大活字本，マルチメディアデイジー，リーディングトラッカー（スリット）等もそろえておく。資料提供や，個別支援のあり方は授業を左右するといってもよいので，学習指導要領，教科書，情報活用スキル指導体系表，図書館活用教育の年間指導計画表等を十分参考にして資料支援に生かすようにしたい。

（4）教職員への資料提供

日々授業を行う上で教職員が必要とする情報やメディアは幅広く多様である。しかし，教職員は多忙であり，そのニーズは潜在的に存在することが多い。レファレンスがなくても，授業時期に合わせ，資料の打ち合わせを申し出たり，授業に役立ちそうな新聞記事や Web サイトの情報を，速報的に知らせたりする積極的な姿勢が大切である。専門的な内容は公共図書館や専門機関へ問い合わせるなどレフェラルサービスも行う。図書館に教員専用の書架を設け，授業に関連する図書や雑誌，視聴覚資料，デジタル資料，実物，人的情報，授業展開事例，自校内の学習指導案，ワークシート，思考ツール，情報カード類も収集しストックすれば，教材研究の利便性は高まるだろう。授業情報の共有化も促進し，チームとして情報活用教育に取り組む道筋も見えてくる。教職員への情報提供の高度化は喫緊の課題である。

ステップアップ表

	ステップ1 ▶	ステップ2 ▶	ステップ3
資料提供による学習／教育支援	□教師の依頼に応じて自校にある資料を提供している	□年間指導計画をもとに資料を準備し教師に図書館活用を働きかける □相互貸借等を利用して必要な資料を揃える	□授業で必要な資料を教師に事前に打ち合わせる □必要に応じて二次資料を作成する

3.3 教科等学習における学校図書館の利活用

キーワード：

言語能力，学習の定着化，ラーニングピラミッド，ブックトラック，学習指導要領，教科横断的，総合的な学習の時間，レポート作成，ハブ，年間指導計画，

（1）基礎，土台となる言語能力

　私たちは言語を使って考える。仮に，児童生徒のコミュニケーション方法の主体が日常会話や SNS であり他の言語刺激を受けないとすれば，より高次の概念を表す言葉を獲得するのは難しい。文字を読むことはできても文章を読み解くことができない。言語力がなければ考えることはできない。「考える」ことができないのであれば，いくら働きかけても学力は積みあがらない。全ての「学び」の基盤に物事を理解するための言語力がある。

　また，自分を取り巻く環境に満足している児童生徒は日常生活の中で苦労して誰かに何かを伝える必要性も感じないし，必要がないから今以上の言葉を獲得しようとは思わない。これは，学習において文章を読んでも主体性に欠け，その時間だけで完結した作業で終わり，日常生活の中に反映されることが少ないことにつながる。学びの土台となる言語力は，児童生徒が主体的に本の世界を楽しむことを日常的に繰り返していく中で獲得される。一見，無関係に見える「楽しむ読書」や「自由な読書」を確実に保障することが，学びにつながる。

（2）図書館活用が学習の定着化の鍵

　各教科の単元のめあては，教科書だけでは達成できないこともある。例えば，平成23年度まで使用の光村図書出版の中学3年国語教科書には「メディア社会を生きる」（水越伸）というメディアの功罪についての説明文があった。中学生にメディアの影といっても実感がない。普段の生活の中では，メディアの利点は知っていても，その影の部分を見ようとしてはいないからである。そこで，生徒が文章を理解できない部分については，多様な資料を使って補足説明をし，その内容を実感させる必要があった。

　「知ること」を，自分の考えをもとに「理解する」ことにまで深めることが大切である。そして「理解する」ことは主体的に資料を読み取

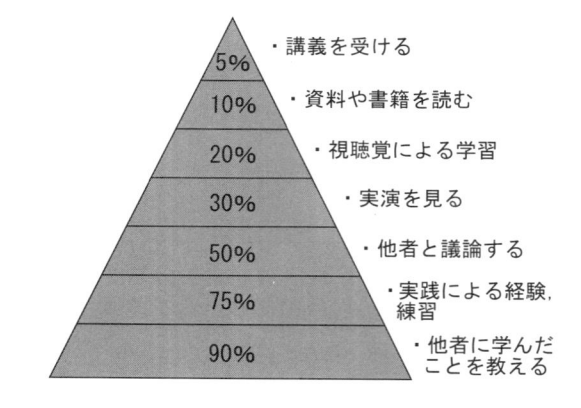

図3－1　ラーニングピラミッドで見た平均学習定着率[1]

り，自分の考えをまとめて発表する過程で形成されていくのではないか。このことは，ラーニングピラミッド（図３−１）で示される「平均学習定着率」からも読み取れる。この平均学習定着率の数値の根拠については明確になってないというが[2]，能動的になればなるほど学習の定着化は高まり，他者との関わりが増えるほど定着率は高まると言ってよいであろう。資料を集めて，読み取り，自分の考えをまとめて発表するなど，まさに学習の定着率の高くなる能動的な学習活動を支援するのが学校図書館である。

（3）個の状況に応じた資料提供

①特定の教員の利用から学校全体へ広げる

学校図書館活用は一足飛びに進むわけではない。ある中学校では次のように段階的に進んだ。

【特定の教員の図書館利用が始まる】➡【学年内において教員の利用が広まる】➡【学年全体で統一されたねらいのために連携した利用に発展する】➡【生徒の情報スキルは，１年次から計画的につけていかなくてはそれぞれの目標に到達しないことが認識される】➡【同一教科での学年を超えた計画的な利用が始まる】➡【学校図書館の利用が学校全体に広がる。「習得」と「活用」を繰り返しながら，学年間，教科間で連動した活用が始まる】

学校図書館の活用は，まず目の前の図書館活用の授業において，資料活用のねらいを明確にし，必要な資料や支援を的確に提供することが，次のステップへの確かな一歩になるのである。

②教科における図書館活用のタイプ

資料活用の目的は多様である。資料により理解・実感する，動機が高まる，事柄の背景を知る，説明を補完する，詳細なデータを得る，最新情報を入手する，サンプルやモデルとして参考にする，ある事柄を調べるなどがある。図書館の資料を効果的に生かすためには，多様なそれぞれの目的にそれぞれ的確に対応していかなければならない。資料提供の方法も，その単元の目的を達成するために１冊の本を渡す，特定のページを示す，必要な個所に付箋をつけておく，写真や画像をパワーポイントに落とし込んで提示するなどいろいろな提供の仕方がある。また，利用方法も，図書館で授業を行うだけでなく，ブックトラックで資料を教室や視聴覚室へ持って行って利用したりすることもある。柔軟に対応できる準備を心掛ける必要がある。

③図書館担当者との協働

図書館活用は資料の利用ばかりではない。司書教諭や学校司書といかに協働するかも含まれる。授業づくりの相談にのる，TT として共に授業を行う，授業の導入としてブックトークを行う，授業後に児童生徒の活動や成果を評価するなど，ねらいや目的を共有し連携を図ることが非常に重要である。

（4）教科横断的な学びを深化させる

新学習指導要領では，「教科の枠を超えて社会で役立つ力を身につける」ことが強調されて

いる。教科の枠を超える代表的な授業は「総合的な学習の時間」であるが，その他にも教科横断的な学習／教育は，これまでもそれぞれの学校において必要に応じて行われてきた。

　例えば，中学校１年の社会科の学習の中で，レポートの課題が出されるとしよう。しかし教師が意図するレポートがなかなか出来上がってこない。それは当然である。レポートをどう書くのか生徒は教えられていないからである。そこで，レポート

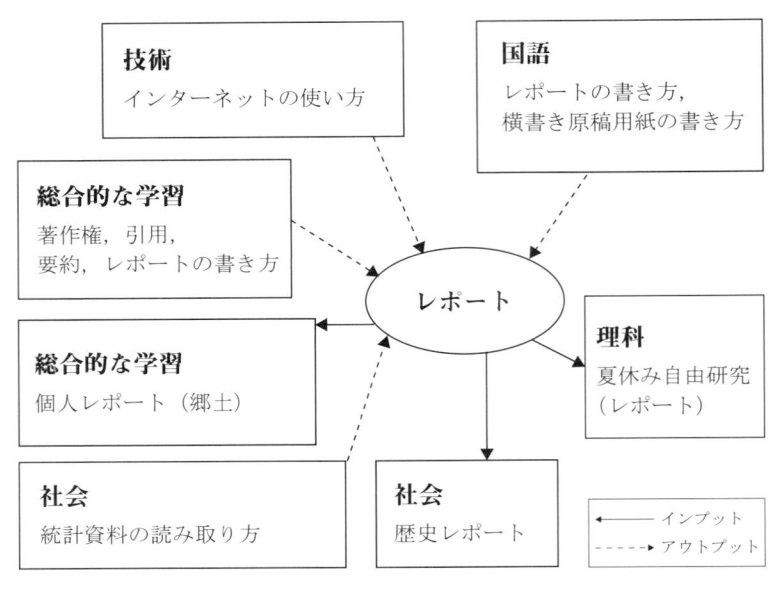

図３-２　レポート学習の例

を書くという観点から各教科が連動して図３-２のような学習を行うと生徒は教科横断的にレポートの作成について学ぶことができ，それらを総合的に利用して，レポート作成の課題をしあげることができる。

　これは難しいことではない。図書館をハブにし，各教科でどのような単元があるのかを見て，時期を合わせるというだけで実現でき，単元のめあてにつながることが多くある。

（5）年間指導計画の必要性

　教科横断的な学びを計画的，継続的，多角的に行うことで，学びというものが，縦にも横につながっていく。そのためには，教育目的の共通項を抽出し，どの順にどの時期にどの教科で指導するかの年間指導計画が必要となる。これを実施することで，児童生徒は学びのつながりを自ら意識することができ，学習を深めることができる。

ステップアップ表

	ステップ1 ▶	ステップ2 ▶	ステップ3
教科等学習における学校図書館の利活用	□学校図書館を利活用した授業が行われている	□学校図書館を利活用した授業が計画的に行われている □教師が自発的に教科横断的な授業を実施している	□学校全体で計画的・体系的に学校図書館が利活用されている □計画的に教科横断的授業が実施されている

3.4 段階的な情報活用能力の育成

キーワード：

教科等の指導，情報活用能力の育成，段階的な指導，連動性，情報カード，指導事項体系表，情報活用プロセス，学習指導要領，年間指導計画，カリキュラム・マネジメント

（1）教科等の授業との連携

　児童生徒が自らの生き方を考え，複雑な社会問題に粘り強く対処する力を育むためには，各教科等の本質とも言える「ものの見方・考え方」を繰り返し学習すると同時に，課題解決的な学習機会を意図的，計画的，組織的に設ける必要がある。それにより実生活のさまざまな課題解決に，生きて働く知識概念の形成に力を発揮すると考えられる。こうした深い学びの実現に向けた取組みに向けて，教科等の授業と学校図書館の確かな連携が一層期待されている。

（2）段階的な指導の必要性

　学校では体験学習に出かけ見聞きしたことをメモする活動はよく行われるが，戻って確認したら，満足なメモが取れていないことが分かり，学習のまとめをするのに苦労したという指導者の話を聞くことがある。情報は，適切に収集・保存できなければ，加工・変換して表現・発信することができない。書く技術の1つである「メモや箇条書きの仕方」は，カリキュラム上では小学校の2年生の国語で学び，要約の仕方は3年生の国語で学ぶ。引用と自分の感想の区別の仕方は4年生の国語で学習……というように，学んだはずの事が学年をまたいだり，教科が変わったりして，時間の経過とともに知識の剥落が起こることがある。状況が変わっても柔軟に活かせる汎用的な能力は，児童生徒の必要感に基づいた探究的な学習の文脈で習得されることが重要である。「〇年生の時〇〇を勉強したよね。今日はそれを使って……」など，学習内容の連動性を伝えることに合わせ，児童生徒自身が知識のネットワークを築けるような探究的な授業機会を多様に持つ事，また，教育課程との関連を踏まえた各種の計画に基づき学校図書館の活用を計画的，継続的，段階的に行う事が重要である。

　例えば情報カードの段階的指導を行っている公立のI小学校の例を見て見よう。実際に情報カードを使い始めるのは3年生からであるが，その素地となる知識や技能は，1年生のときから計画的に教科等の授業にリンクして育成されている。情報カードの指導は主に，「A.情報カードの作成」と「B.情報カードの整理」に分けられる。AとBの内容はそれぞれを単独で指導するのではなく，調べから発信までの活動の中で児童がスキル活用する意味を捉えやすいように，学びの流れの中で組み合わせて指導される。

Ａ．Ｉ小学校の情報カード作成の段階的指導の例

1年生	国語の説明文や、生活科の学習の中で「抜き書き」の仕方を教える。情報カードの代わりに短冊や付箋を使って「短い言葉で書く」「1枚に1つのこと書く」ことを指導する。
2年生	国語で主語と述語、簡単な箇条書きの仕方を学ぶのに応じて、メモの仕方を学ぶので「短く書く」「行を変える」「大事なことを書く」等を指導する。情報カードは使わず、短冊や付箋、ワークシート、ノート等を利用する。「調べた本の題名を記録する」ことも指導する。
3年生	情報カードを使い始める。国語で「レポートやリーフレット、要約や出典等を学ぶ」ので、資料の重要なところを「要約して書く」「自分で意味がわかる言葉で」「事実と感想との区別」「見出し語」の書き方、奥付を使っての「出典の記録」等を指導する。
4年生以上	4年生以上になると新聞、ポスター、意見文（序論・本論・結論）の構成）を学ぶ。メディアの効果等を利用し、「図や写真の引用の仕方」「固有名詞や単位や数値等を正確に書く」「見出し語とカード内容は同じ内容」であることや「参考文献リストの書き方」等を指導する。

Ｂ．Ｉ小学校の作成したカードを整理することについての段階的指導の例

1年生	短冊を選んだり、並べ替えなどをさせたりしながら「順序良く並べる」「一番大事なものを選ぶ」等の簡単な整理の仕方を学び、話型に沿って短冊やカードを読み上げながら発表する。
2年生	文の構成（はじめ・中・終わり）を学んだりと、「大事な情報」を取捨選択し順序良く並べる。カードの箇条書きを見ながら、接続詞や「です」「ます」等を使い臨機応変に変換して読み上げて発表したりする。また、KJ法を使ってカードをグループ化してタイトルにつけてつくる学習機会も持つようにする。
3年生	情報カードの見出し語を使ってカードをグループ化したりタイトルをつける。基本情報や伝えたいことの中心となる情報、お得情報等を意識させて、情報を取捨選択したり、順序良く並べたりしながら構成を考え、簡単なプレゼンテーションを行う。
4年生以上	国語で序論・本論・結論の構成、書き方を学び、リーフレット作成やポスターセッションでの発表、作成した情報カードを元に1人でのカード操作が行えるようにし、さまざまな思考ツールなども併用しながら、発表の構成を考える。報告文、意見文、感想文、パワーポイント等にまとめ発表する。

表3－3　情報カードの指導に関わる段階的な情報活用能力育成例

（3）情報活用能力の指導事項系表

　情報活用能力は、これからの変化の激しい社会を生きる子どもたちにとって、欠くことのできない資質・能力である。情報活用能力を高めるため、学習指導要領や各学校の教育目標を踏まえて、どの学年で、どんな情報活用スキルを、どの程度指導すればよいか（親しむ・習得する。定着させるなど、学年の発達段階に応じた段階）を明確にして、情報活用プロセスと学年段階に関連付けて系統的・組織的に配列しまとめた計画が情報活用能力の指導体系表である。縦軸に情報活用プロセス（課題設定から発信・評価）、横軸に各学年段階を示し、情報リテラシー、情報スキルをその中に組み込んだ形の表にまとめてある。小中学校の9年間を見通して育もうとする動きも見られるようになってきた。また、全国学校図書館協議会の「情報・メディアを利用した学び方体系表」が参考になる。

（4）情報活用能力の年間指導計画

　情報活用能力育成の年間指導計画は，図書館を活用した授業を通じて，年度の始まる４月から翌年３月までの１年間に，どの学年の，どの教科・単元で，どんな情報活用スキルを指導するかを示したものである。教育課程と図書館活用の両方の知識を持つ司書教諭が中心となって作成する。縦軸に月，横軸に教科・単元名，育成を目指す情報リテラシー，情報活用スキルなどを記入する。計画を組む際は，児童生徒の学習経験に配慮することや，適切な活動時期を活かすこと，各教科との関連を明確にし，その教科の目標達成に資する形で計画することが重要である。しかし，授業は計画通りに進行するとは限らず，変更や見直しを視野に入れ運用することが大切である。同じように情報スキルが指導できるその他の教科等の名前も一緒に挙げておくと弾力的に活用できる。

　また，司書教諭が TT として指導に入り，課題の設定から，情報の発信まで探究の一連の流れを押さえる重点単元なども話し合って記載しておくとクラス・教科担任との共通理解を促進するのに役立つ。計画作成の際は，各教科担当との有機的な連携を推進し全教員が検討に関わって作成することが重要である。その際，児童生徒や学校の実態，前年度の学習の様子や全体計画等を参考に，教育の目的や目標の実現に必要な教科横断的な視点で，学年間・教科間が連続的，発展的に繋がるように調整を行う。

　時には，教科書の配列順を変えることも考慮する。例えば，社会科で，見学を行う前に，国語のメモの取り方の指導時期を早めるなど，児童生徒の立場で，学習内容のつながりや，探究的な学習の質が高まるように組み立てていく配慮が求められる。また，授業実践を行う際，司書教諭が全てのスキル指導を行う事ができない場合も多い。図書館担当者は，教員との連絡を密にして，段階的な積み上げが不足しないように留意するとともに，実施状況を評価し，教育活動の質の向上を図るための人的体制の改善を図るなど，カリキュラム・マネジメントも重視すべきである。学校司書は指導系統や学年段階を理解したうえで，授業の支援を行い，年間指導計画の着実な実施に向けて，クラス・教科担任や司書教諭との協働を行う。

ステップアップ表

	ステップ１ ▶	ステップ２ ▶	ステップ３
段階的な情報活用能力の育成	□情報活用能力の育成の必要性が認識される □さまざまな情報スキルがあることが認識される	□情報活用の指導体系表や年間指導計画が作成される	□指導体系表にそって教科横断的に情報活用能力が育成される □児童生徒が生活において課題解決プロセスを活用できる

3.5 教員への支援

キーワード：
レフェラルサービス，アクティブ・ラーニング，授業づくり，教材・共通ツール，思考ツール，
ディベート，レファレンス，TT，探究型授業

（1）資料・情報の提供

　「ガウディの建築が大きく載っているものはありませんか？」「中世の荘園地図が欲しい。」というような授業者からの要望はよくあるだろう。文章を読むだけでなく，視聴覚資料を使うことで児童生徒の知識のバックグラウンドを埋めて，より深い理解を得られるようにしようという授業者の思いが伝わる事例である。「いつまでに」「どのくらいのものが」「どのような形で必要なのか」などの事前相談を通して最適な資料・情報を学校図書館は授業者に手渡すことが肝要である。また，図書館には有効な資料・情報は実にたくさんあり，一見求められる分野と関係がないように思える資料に見えても，教材として使うことができる。資料・情報の専門家である学校司書はその資料の有用性を示すことができる。また，自校図書館にない資料でも学校図書館として他機関の資料・情報を提供することができる。例えば，「国境なき医師団」や「献血」などの活動を展開しているそれぞれの機関では，広報用にパンフレットを作成しているので，連絡して手に入れるのは容易である。また，他機関を紹介して，ゲストティーチャーと共に授業を創るような広がりもレフェラルサービスとして学校図書館は行うことができる。

（2）授業づくり・資料相談

　アクティブ・ラーニングは，机を寄せて話し合うことだけで成立するわけではない。例えば，話し合い（他者と議論する）をする場合，話し合うための材料として，事象を多面的に見ることができるトピックの選定がなければ，話し合いに広がりは生まれない。ディベートのテーマなどは多角的なアプローチが必要である。例えば，児童生徒のモチベーションを上げるために読ませる資料もあるだろう。「日本における難民の問題」を語るのならば，国際政治の問題を取り上げるだけではなく少子高齢化，社会福祉，観光産業，日本の農業，多様性，人権の問題を取り上げることが必要であろう。統計の裏付けも重要である。生徒が広がりのあるテーマを限られた時間で調べて論を構築していくために，資料・情報を提供する側から見えてくることは多い。そして，授業の振り返りを授業者・学校図書館の双方から行うことは児童生徒の学びを間違いなく深化させる。

（3）教材・共通ツールの作成

　情報を収集・比較・読み解き・整理する技術は、「思考ツール」として、企業やさまざまな場面で広く利用されている。例えば、情報と情報の相互関係を表すもの（対比、並列、因果、包含）、円グラフやピラミッド図のように量的関係を表すもの、時系列（順序・手順、時間的推移）などを表すものなどである。さまざまな種類の「思考ツール」があり、オープンウィンドウ64やマッピング（カルタ）など、ブレイン・ストーミングを促すものもある。これらの思考ツールを一連の授業の流れの中で、使っていくのは有効である。例えば、ディベート前の調査では、反対・賛成の強さの度合いをバタフライシートで整理したり、他の思考ツールで論理的に組み立てたりすることもできる。情報カードを使って情報をまとめる「学び」が進んでいくと、さまざまな面接や小論文で自分の言いたいことをまとめ、話す順番を組み替えて考えたりする構成作業が自然に身についていく。

（4）授業における協働

　学校図書館は、レファレンスを通して児童生徒に問題解決のための支援をしている。知的好奇心から生まれる疑問にきちんと回答していくことで、児童生徒と図書館の間には信頼関係が生まれている。図書館を使って授業をする際には、授業者のねらいからのアプローチと、資料・情報の面からのアプローチとがあるが、一人ひとりの取り組みは、それまでの児童生徒の「学び」の経験によって左右されがちである。学校図書館担当者は児童生徒の「学び」に日常的なレファレンスのように個人支援を通して関わっていくことができるから、授業者と学校図書館担当者がTTで「学び」を支えることでより手厚い支援ができるようになる。

　ブックトークは授業への導入や発展的な学びにつなげるために行われることが多い。ブックトークを通して学びへの理解が深まり、より主体的な学びにつながるような働きかけも行うこともできる。授業者のねらいを明確につかんだブックトークは児童生徒をより広く深い学びへいざなうのである。

　最近ではビジネス書として思考ツール等の出版物も多くなってきたが、思考ツールはまだまだ授業の中で当たり前に使用されているとは言い難い。中・高等学校のように教科担任制になると他教科の授業に異なる教科教員が協働で授業をしていくというのは難しいだろう。情報活用能力の育成は学校図書館が担うミッションのひとつである。思考ツールや情報カードの使い方などについて、授業の折に伝えていくことができるのも学校図書館が持つ機能のひとつである。「問いの立て方」からはじまり、「目次の読み方」「スキミングやスキャニング」といった本の読み方」「クリティカルリーディング」「情報カードの書き方」「思考ツールの使い方」「感想文の書き方」「文章のアウトライン構成」「論文の執筆」「プレゼンテーションの仕方」「ポスターメイキング」など情報をまとめて発信していくところまでの全ての段階について学校図書館では伝えていくことができる。

　新学習指導要領では探究型授業を進めていくことが求められている。探究型学習は，情報を収集して，整理し，発表していくだけではなく，児童生徒の一人ひとりの興味・関心から，問いを立てて，さまざまな資料・情報や実験・調査からこれを検証し，思考を重ねていくその過程を，大事にする学習である。その過程の全てに，学校図書館は何らかの形で関わっていくことができるといえる。

（5）関連情報や児童生徒の成果の保存

　教員にとって授業が一番大事であるのは言うまでもない。授業者はより効果的な方法を模索している。実際の授業の記録として作成したもの，その過程，授業の様子，振り返りを記録して残すと児童生徒だけでなく教員もイメージしやすくなる。今までに行われた授業の指導案は大きな示唆を与えてくれるものである。学校図書館は次の授業に役立てるために指導案や教材を保存して授業者に提供する。また，実際の授業において，最終形を実際に見てイメージできることは児童生徒にとって大切である。児童生徒の成果物を保存して次年度以降にモデルとして授業で見せることもできるので指導案，成果物，授業の記録は授業のアーカイブとして学校図書館で保存できるとよい。

ステップアップ表

	ステップ1 ▶	ステップ2 ▶	ステップ3
教員への支援	□教師のニーズに応じて資料・情報を提供する	□教師の授業目的を確認した上で司書教諭や学校司書がＴＴとして授業に参加する	□教師の教材作成や授業全般に司書教諭や学校司書が協力・参画する

【注・引用文献】

[1] アメリカ国立訓練研究所 (National Training Laboratories)

[2] 土屋耕治 (2018)「ラーニングピラミッドの誤謬：モデルの変遷と"神話"の終焉へ向けて」『人間関係研究』7　pp.55-73

【参考文献】

○五十嵐絹子・藤田利江編著 (2012)『学校図書館から教育を変える　学校司書たちの開拓記』国土社

○門脇久美子 [ほか] 著 (2014)『学校図書館は何ができるのか?その可能性に迫る：小・中・高等学校の学校司書3人の仕事から学ぶ』国土社

○桑田てるみ (2012)「『調べ学習』から『探究的な学習 (探求型学習) へ』：学びの拡張に寄与する学校図書館」『学校図書館』738　全国学校図書館協議会　pp.14−16

○子ども読書サポーターズ会議 (2009)「これからの学校図書館の活用の在り方等について (報告)」〈http://www.mext.go.jp/a_menu/shotou/dokusho/meeting/__icsFiles/afieldfile/2009/05/08/1236373_1.pdf〉2018年3月15日アクセス

○髙口務 [ほか] (2015)「資質・能力を育成する教育課程の在り方に関する研究報告書1：使って育てて21世紀を生き抜くための資質・能力」〈http://www.nier.go.jp/05_kenkyu_seika/pdf_seika/h28a/syocyu-1-1_a.pdf〉2018年3月15日アクセス

○根本章編 (2013)『図書館情報学基礎』(シリーズ図書館情報学1) 東京大学出版会

○野口武悟 (2012)「学校図書館におけるバリアフリー資料の意義と役割」『学校図書館』743　全国学校図書館協議会　pp.16-18

○堀川照代・塩谷京子著 (2010)『学習指導と学校図書館』新訂版　放送大学教育振興会

○堀川照代 (2013)「学校図書館を活用した情報活用能力の育成：情報活用能力の育成と学校図書館」『学校図書館』750　全国学校図書館協議会　pp.14−17

○前平泰志監修, 渡邊洋子編 (2014)『生涯学習概論：知識基盤社会で学ぶ・学びを支える』(講座図書館情報学1) ミネルヴァ書房

○文部科学省　中央教育審議会 (2016)「幼稚園、小学校、中学校、高等学校及び特別支援学校の学習指導要領等の改善及び必要な方策等について (答申)」〈http://www.mext.go.jp/b_menu/shingi/chukyo/chukyo0/toushin/1380731.htm〉2018年3月15日アクセス

○文部科学省 (2017)「小学校学習指導要領解説　総則編」〈http://www.mext.go.jp/component/a_menu/education/micro_detail/__icsFiles/afieldfile/2017/07/12/1387017_1_1.pdf〉2018年3月15日アクセス

（4章） 学校図書館に携わる教職員等

4.1 校長のリーダーシップ

キーワード：

校長，管理職，司書教諭，一般の教員，学校司書，連携・協力，組織的取組，学校経営方針，図書館の運営・活用・評価

（1）学校経営に学校図書館活用教育を位置付ける

　学校図書館ガイドラインには「校長等の管理職，司書教諭や一般の教員（教諭等），学校司書等がおり，学校図書館がその機能を十分に発揮できるよう，各者がそれぞれの立場で求められている役割を果たした上で，互いに連携・協力し，組織的に取り組むよう努めることが望ましい」とある。つまり，校長は，自校の教育目標の実現を図るにあたり，学校教育のインフラである学校図書館の意義や可能性を理解し，学校図書館を活用した教育に積極的に関わることが望まれる。校長が立案する学校経営方針は，めざす児童生徒像への共通認識と組織的な指導にあたるための重要な指針となる。学校経営の重点や具体的な方策に学校図書館を活用した教育への取組を位置付け，全教職員をはじめ保護者や地域，ボランティアとの連携や協力を求めることが重要であり，校長の心意気を示すことが望まれる。

（2）学校図書館活用教育を推進する校内体制を整える

　学校経営方針に基づき校内組織が整えられる中，推進の機動力となる組織として学校図書館運営委員会を校務分掌に位置付け，教職員の連携や協力体制のもと教育目標の実現を図りたい。構成員は，管理職，司書教諭と学校司書，主任（教務，研究，情報教育，学年，教科），特別支援教育担当等とし，年間3回以上行うことが望ましい。年度始めには，学校図書館の全体計画や学校図書館経営方針を検討する。ここで，司書教諭や学校司書は，文科省をはじめ，県や市の教育委員会が行う調査の公表結果と自校のデータとの比較や，学校評価の結果から成果と課題をまとめ，これを学校図書館運営委員会の協議資料として準備するとよい。

　また，校内組織の編成にあたっては，発令する司書教諭に対して校務分掌上の配慮が求められる。例えば，司書教諭が研究部に属することで学校全体の学びに積極的に関わることが可能となり，授業改善へ向けて学校図書館を生かす提案が容易になる。また，司書教諭は学校司書との密な連携や教員への助言などを行う必要性から，フレキシブルに動きやすい立場となるよう，担任以外にするのも一案である。加えて司書教諭が職務にあたるための時間の確保も欠かせない。時間割内に司書教諭としての活動時間を"コマ"として設けることで，学習指導の直接支援，学校図書館で学校司書と打ち合わせや作業，管理職と図書館運営についての相談など

が可能となる。司書教諭の教育指導的な職務に期待をし，司書教諭を複数名発令した事例もある。複数発令を行った場合，主導する司書教諭を明確にした上で，授業支援を担当する学年を分担したり，読書指導と情報活用能力の指導を分担したりすることができる。また，複数発令は司書教諭の転勤があっても学校で積み上げてきた実績を継承させることが容易な利点がある。また，11学級以下の規模の学校においても司書教諭の発令は校長裁量で可能であり，積極的な発令が望まれる。併せて，学校司書に対しては，教職員の一員として校内体制に位置付けることや雇用の形態に関わらず職員会議等に参加できるよう取り計らう等の配慮が必要である。

（3）学校図書館の利活用に使命感をもちリーダーシップを発揮する

　始業式や入学式等の各種行事で校長が児童生徒へ読書意欲を喚起したり，ホームページや学校便り等で，保護者へ向けて図書館を活用した学習に関連した児童生徒の育ちを伝えたりすることは，児童生徒のみならず教職員や保護者，地域のボランティアに対して啓発効果が大きい。

　また，校長が，日常の校内巡回で捉えた読書や探究的な学習の様子について，司書教諭や学校司書，教員と言葉を交わすだけでも，教職員の協働意識を高めることにつながる。

　さらに，PDCAサイクルに基づき学校評価を行い，学校図書館の運営・活用の改善を行うことも重要である。この評価項目として，教員には「学校図書館を活用した授業に努めたか」「司書教諭や学校司書と連携して教材研究を行ったか」，児童生徒には「進んで図書館に行き，調べたり本を借りかえたりしたか」，保護者には「家庭で読書をしているか」等の評価項目が考えられる。併せて，地域の学校評価委員会からも評価を得ることが望ましい。これらの評価結果は，学校図書館運営委員会や職員会議で検討し，次年度へ生かすことが重要である。

　こうして学校内外で情報を共有する他に，学校図書館の館長として校長自身が学ぶ機会も重要である。教育委員会（学校図書館支援センター等）は，管理職対象あるいは管理職を含めた学校図書館の利活用に関する研修を実施し，管内全ての学校が学校図書館のもつ教育的可能性について深い理解をもって組織的な取組につながるよう，研修の機会を保障する必要がある。

ステップアップ表

	ステップ1 ▶	ステップ2 ▶	ステップ3
校長のリーダーシップ	□管理職を含めた学校図書館運営委員会が組織されている □司書教諭の発令が学校全体に周知されている	□学校図書館活用が学校経営方針の重点項目にあげられ全教職員に周知されている □司書教諭が職務を果たすための校務分掌上の配慮がある	□学校図書館活用が学校経営方針の重点項目にあげられ保護者や地域にも広報されている □司書教諭が職務を果たすための時間が確保されている

4.2 全教職員との協働

キーワード：
一般の教員の学校図書館活用，司書教諭と学校司書の協働・職務分担，学校全体の校務のバランス，図書館ボランティア，保護者

（1）協働できる体制をつくる

　全ての教員は，校種や担当する教科，学年にかかわらず，読書活動や学習活動において日々の授業を通して学校図書館を積極的に活用し教育活動を充実するよう努めることが望まれる。学校図書館のもつ「読書センター」「学習センター」「情報センター」機能を学校の教育目標に反映させていくにあたり，中心的役割を果たすのが司書教諭と学校司書である。

　司書教諭は，学校司書とともに各教科等を横断的に捉え情報活用能力を学校全体で体系的に指導していくことや，児童生徒の読む力を伸ばしていくことについて，全ての教員へ働きかけることが大きな役割である。司書教諭と学校司書は，よく車の両輪にたとえられるが，それぞれの専門的な立場から，運営に対する展望と具体的な方策を協働して進めていくことで，バランスのよい学校図書館活用の実践が得られる。学校図書館に関わる協働のイメージは，一つのチームとして学校を捉えることにある。

　司書教諭は，学校図書館の全体計画や経営計画を立て，「協働・分担表」（p.132掲載）を作成して見える化することで，それぞれの立場で何を行うかについて具体的に共通理解を図ることに努めることが大切である。「協働・分担表」には，学校図書館の業務である「経営」「技術」「奉仕」「教育指導」の4つの観点から，職務を一覧にし，全教職員で全体像を把握できるようにする。表に記入する職務は，校種，学校規模，各校の運営上必要とすること等によって異なる。表に入れる「人」の欄も校内組織によって異なる。司書教諭と学校司書については，それぞれの専門的な職務と，両者が重なりあう職務内容とを確認し合っておくとよい。司書教諭発令や学校司書配置の状況，校務分掌のバランス，さらにそれぞれの経験や得意分野などを考慮して柔軟性をもって分担を相談し，その上で年度始めの運営委員会で検討し，職員会議で提案する。

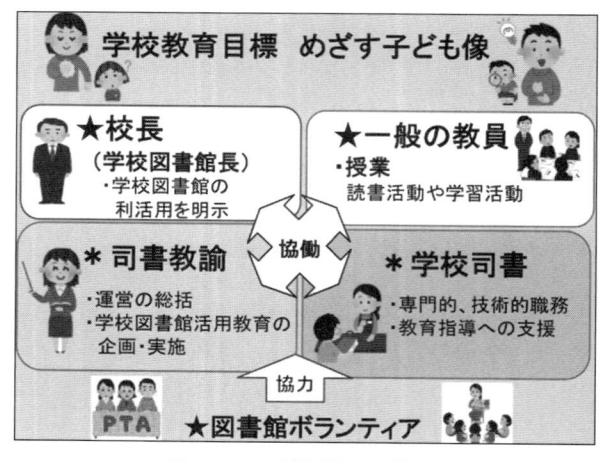

図4－1　全教職員との協働

（２）教職員の利活用を促す工夫

　教員が教材研究や授業で学校図書館を利活用しやすくする工夫として，オリエンテーションの実施や教員向けの手引き作成，そして「学び方を学ぶ」指導体系表の活用がある。オリエンテーションでは，全教職員を対象に，図書館の使い方や，学校司書や司書教諭に何を依頼できるのか，また，学校司書の業務内容や勤務形態等を知らせる。教員向け手引きを配付するのも効果がある。こうした教員へのアプローチは，児童生徒の利用促進にもつながる。ここで重点的に知らせたいことは，学校図書館が「情報センター」として情報活用能力を育てる機能をもち，児童生徒に探究的な学習の過程を繰り返し経験させることで，思考力・判断力・表現力等の汎用的な力についても育成できることである。この「学び方を学ぶ」学習は，教科横断的に「習得・活用・探究」を螺旋的に積み上げて指導していくものであり，言語活動の充実や「主体的・対話的で深い学び」の実現に深く関わる。それには，授業改善への努力と長い時間と多くの教員の関与が必要であり，全教職員で共通認識をもって連携しながら指導を行うことが求められる。

　情報活用能力の育成は，教育課程に位置付けて各学年・各教科等で指導する必要がある。そこで教員が連携して指導を行う際の拠り所となるのが，情報活用能力育成に関わる指導項目を体系的に示した「学び方指導体系表」（p. 114 掲載）である。これは，同じ教科書を採択している自治体単位で作成することにより，小・中学校のつながりを視野に入れた指導に生かすことができる。

（３）図書館ボランティアとの協働

　学校図書館に関わるボランティアには，環境整備ボランティアや読書支援ボランティア，また，地域の伝承や仕事を教える講師ボランティアや図書の読み上げボランティアなどがある。学校は，「開かれた学校」として，ボランティアに向けて教育目標への理解を図るように，児童生徒の育ちに対して共通の願いや喜びをもってあたるように周知することが重要である。管理職も各活動や連絡会に積極的に参加し，ボランティアとの情報交換に努めるようにする。

ステップアップ表

	ステップ１ ▶	ステップ２ ▶	ステップ３
全教職員との協働	□学校図書館全体計画がある □全教職員が学校図書館活用の意義を理解し授業等で活用している	□学校図書館全体計画に基づいた職務分担や協働を示した表がある □学級経営案や各教科ごとの年間指導計画に学校図書館の活用が明記され指導が行われている	□職員会議で学校図書館活用に関わる提案があり共通理解を図っている □学校図書館を活用した授業を参観日で公開したり研究授業を行ったりしている

4.3 司書教諭の役割

キーワード：

学校図書館の専門的職務，運営の総括，学校図書館活用教育の企画・実施，年間読書指導計画，年間情報活用指導計画，業務の連絡調整，教科担当との連絡調整，教員への助言

（1）推進役として運営を総括する

　学校図書館法第5条においても学校図書館ガイドラインにおいても，司書教諭は「学校図書館の専門的職務をつかさどる」と記されている。図書館運営を総括する立場であり，「経営的職務」と「教育指導的職務」を中心に，全教職員と児童生徒を対象とする，全ての学びと人と図書館をつなぐ役割を担う。

　経営的職務には，計画立案と連絡調整があり，以下のような職務があげられる。

　○学校図書館活用教育の全体計画の立案，○学校図書館経営方針や年間運営計画の立案，○学校図書館の規定類の作成（利用規定，蔵書に関する方針），○学校図書館に関わる教職員やボランティアとの協働・分担表作成，○学校図書館運営委員会，図書選定委員会の開催，○教職員向けオリエンテーション，○各種調査への回答，自校の実態の把握，比較分析，課題と対策，○報告，連絡，相談，会計，統計，記録，広報活動，○公立図書館との連携，他校との連携・協力，○ボランティアとの連絡・調整，○各種コンクールのとりまとめ。

　教育指導的職務には，主に指導計画作成と教科との連絡調整や授業支援があり，学校図書館活用教育の企画・実施を図るため以下のような職務があげられる。

　○情報活用能力を育成する学習への啓発（「学び方指導体系表」の活用），○学校図書館活用教育（読書指導，情報活用指導）の年間指導計画作成，○各学年，学級の経営案，各教科等の年間指導計画に読書指導や情報活用能力育成の指導を位置づける支援，○校内職員研修の企画と実施，○学校図書館を活用した授業の実施（TT授業など），○教材研究時における情報提供や助言，○児童生徒図書委員会の指導

　「学び方指導体系表」を職員室に掲示し，各学年で指導した項目をチェックしながら進捗状況の共有化を図るなど，推進役としての司書教諭が考える工夫に期待する。

（2）運営に見通しをもって臨む

　司書教諭は，学校図書館の活用を計画的に進めるために，下記の3点に留意し長期的な展望と単年度の職務とに見通しをもちながら運営に努める。

　①年度始めは，運営委員会での検討後，職員会議にて計画類を提示し協働意識化を図る。

②各学期末は，次学期の活動に向けた振り返りを行い関係の担当者と協議する。

③年度末は，引き継ぎに備える。学校評価で得た課題を分析し，方針や計画類，利用規定類の見直しを図る。また，次年度に行う教職員へのオリエンテーションの準備にも備える。

（3）校内研修や授業実践から利活用を広げる

校内研修は教職員が学校図書館活用教育の意義を知り，「どのように学ぶのか」について共通認識をもつ重要な機会であり，理解者や実践者を増やすチャンスとなる。学校や教職員の実態に合わせて，研修の内容やレベルを工夫するとよい。以下は参考例である。

○自校の現状を知り，対策を検討する研修。○学校図書館を会場として，読書指導に必要な図書や教科書を見ながら読書指導の全体像をつかむ研修。これは，そのまま教材研究となる。ブックトークやビブリオバトル等のワークショップを行うと授業につながりやすい。○探究的な学習の過程を体験する研修。課題設定，情報カードの書き方や活用例，思考ツールの活用，フリップやポスターへのまとめ方やプレゼン発表等がある。○重点単元の構想を練る研修。「学び方指導体系表」と学年の成果物や図書館資料，教科書を見て，学年・教科部で協議する。

授業研究は，図書館活用教育として実施されることもあるが，普段行われている教科などの授業研究を情報活用能力育成や授業改善の視点で検討することも有効である。協議を「教科のねらいを達成するために提供された資料は適切であり学習が豊かになったか」，「情報活用能力育成に関わる学びがあったか」等の視点で行うことにより，教科横断的に汎用的な力を育てようとする協働意識が湧き学校全体で取り組むことの意義に共感できるようになる。

また，司書教諭は日頃の授業に対しても積極的に相談や情報提供を行い，担任や担当と共にTT 授業を行う等，学びに関わるところは司書教諭のリーダーシップが期待されるところである。「司書教諭や学校司書と打ち合わせをして授業を行ったところ，自分も子どもたちも探究心をかきたてられ，他の学習でもスキルが生かせた。」という教員の声もある。図書館の機能を活用する良さを実感する教員を増やすことをめざすのが，司書教諭の役割である。

ステップアップ表

	ステップ1 ▶	ステップ2 ▶	ステップ3
司書教諭の役割	□学校図書館全体計画や運営計画等を作成している □学校図書館運営や活動の記録をとっている	□各教科等の年間指導計画に学校図書館活用を明記するように働きかける □各種研修会に参加し職員会議等で報告している	□授業研究に参画したり校内研修を行ったりしている □次年度への展望をもち，計画類を修正している

4.4 学校司書の役割

キーワード：
専門的・技術的職務，奉仕的職務，間接的支援に関する職務，直接的支援に関する職務，教育指導への支援に関する職務，ガイダンス，情報サービス，読書推進活動

（1）学校図書館の職務に従事する

　2014年4月の学校図書館法改正により，「専ら学校図書館の職務に従事する職員」として「学校司書」が法律上に位置づけられ，全国的に学校図書館への人の配置が動き出した。そして，学校図書館ガイドラインには，「学校司書は，学校図書館を運営していくために必要な専門的・技術的職務の職務に従事すると共に，学校図書館を活用した授業やその他の教育活動を司書教諭や教員と共に進めるように努める」と示された。『これからの学校図書館担当職員に求められる役割・職務及びその資質能力の向上方策などについて（報告）』（文部科学省 2014.3）では，これまで，「技術的職務」「奉仕的職務」と言われてきた職務に「教育指導への支援」が加わり3つの観点が示されている。

　① 間接的支援に関する職務

　学校司書は，自校の学校図書館運営方針を基に，専門的な知識・経験を生かしていく。環境整備では，使いやすい，探しやすい，授業ができる，楽しい，居心地がいい，発見がある，頼りになる，と思われるような学校図書館のイメージが校内に根付くことを心掛けたい。

　学校図書館は「教育課程の展開に寄与」することが使命である。学校司書は，読書活動や授業で使われる図書館資料を日常的に整え，提供する。蔵書の選定は，選定基準に基づき校内組織で行うが，事前に必要な図書館資料を調査してリスト化しておき，選定の際には情報提供できるように備えておくとよい。また，自校の図書館活用の授業や行事での成果物も貴重な資料として整理と管理を行い，教員や児童生徒にいつでも提供できるようにしておく必要がある。

　また，利用実態のデータや活動記録をとることも大切である。累積したデータを経年比較し運営の改善提案に生かすことができる。業務日誌をつける中で

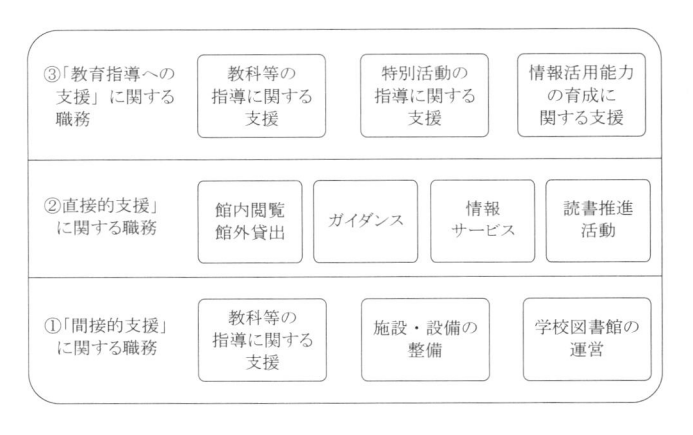

図4-2　学校図書館担当職員の職務（イメージ図）[1]

キャッチした児童生徒の声を記録し，児童生徒の要望や育ちについて情報を共有することも間接的な支援となる。（p.136 掲載「学校司書業務報告書」参照）

②　直接的支援に関する職務

学校司書配置後の一番大きな変化は，学校図書館が，「行けば迎える人がいる」場所となったことである。相談ができる，声を掛けてもらえる等，学校司書がコミュニケーションをとることで，児童生徒への読書支援や教員への授業支援へ専門性を生かした資料提供につなげることができる。そこから学校司書や学校図書館に対する信頼を築いていくよう心掛けたい。

③　教育指導への支援に関する職務

司書教諭との連携が強いほどうまくいくのが，学校司書の「教育指導への支援」である。学習や学校生活を指導するのは教員である。したがって，学校司書が資料・情報の専門家としてそれを支援するにあたり，どの資料が役立ち，どの情報が必要なのかを見極めるためには，教育活動の目的を知る必要がある。学校司書が質の高い支援を行うには，教員と，学習のねらいや授業の形態，資料を必要とする場面等についてしっかり打ち合わせを行うことが肝要である。

学習の成果物を学習指導要領や「学び方指導体系表」と照らしながら，児童生徒が「学び方を学ぶ力」を積み上げていく姿を教員と共に確認し，その成長を喜び合える関係でありたい。

（2）業務の優先順位をつける

学校司書がもつ専門性を発揮するには，優先順位をつけて業務にあたる必要がある。現状では非常勤の学校司書が多く，勤務時間が短かったり，複数校をかけもったりすることもある。学校司書の雇用形態や経験などを考慮しながら，自校の学校図書館運営方針に基づき，貸出業務が優先なのか，授業への資料支援が優先なのかを図書館運営委員会で相談する必要がある。

学校司書の勤務時間内に司書教諭と向き合える時間が確保できれば，協働・分担を軌道にのせ，学校になくてはならない存在として動き出す。また，学校図書館に関する研修会に，業務として両者そろって参加して，その研修を校内へ生かすことも優先させたいことである。

ステップアップ表

	ステップ1 ▶	ステップ2 ▶	ステップ3
学校司書の役割	□学校図書館の環境や資料の整備をする □図書館にやってくる児童生徒に対応する □業務日誌を作成し利用統計をとる	□図書館ガイダンス（利用指導）を行う □さまざまな読書推進活動を行う □さまざまな学習支援活動を行う	□司書教諭と連携してさまざまな教育支援を行う

【注・引用文献】

[1] 文部科学省 (2014)「これからの学校図書館担当職員に求められる役割・職務及びその資質能力の向上方策等について (報告)」〈http://www.mext.go.jp/b_menu/shingi/chousa/shotou/099/houkoku/1346118.htm〉2018年3月1日アクセス

【参考文献】

○鎌田和宏著 (2016)『入門　情報リテラシーを育てる授業づくり』少年写真新聞社

○全国学校図書館協議会監修 (2017)『司書教諭・学校司書のための学校図書館必携』改訂版　悠光堂

○堀川照代・塩谷京子編著 (2016)『学習指導と学校図書館』改訂新版　放送大学教育振興会

○文部科学省「小学校学習指導要領」〈http://www.mext.go.jp/component/a_menu/education/micro_detail/__icsFiles/afieldfile/2017/05/12/1384661_4_2.pdf〉2018年3月1日アクセス

○文部科学省 (2016)「これからの学校図書館の整備充実について (報告) の公表について」〈http://www.mext.go.jp/b_menu/shingi/chousa/shotou/115/houkoku/1378458.htm〉2018年3月1日アクセス

○文部科学省 (2017)「新しい学習指導要領の考え方」〈www.mext.go.jp/a_menu/shotou/new-cs/__icsFiles/afieldfile/2017/09/28/1396716_1.pdf〉2018年3月1日アクセス

○山形県鶴岡市朝暘第一小学校編著 (2003)『こうすれば子どもが育つ学校が変わる』国土社

5章　学校図書館における図書館資料

5.1 図書館資料の種類と特性

キーワード：

印刷資料，電子資料，ファイル資料，博物資料，参考資料，地域資料，英語多読資料，集団読書用図書，絵本，マンガ，雑誌，新聞，ネットワーク情報資源，マルチメディアデイジー

（1）図書館資料の種類

　図書館資料の種類には，印刷資料と電子資料，模型等の博物資料，および児童生徒の成果物がある。印刷資料には，絵本，図書，雑誌や新聞といった逐次刊行物，パンフレットやリーフレット，地図，およびそれぞれの学校の利用目的に合わせてファイリングされた自館編集の資料がある。

　内容的には特に参考資料（辞書，事典類）や地域資料（郷土資料，行政資料）が必要であり，進路や選挙・政治関連資料，英語多読資料，集団読書用図書等もよく求められる。

（2）印刷資料

　図書は，教科等の教育においても，児童生徒が自分自身を育てる意味においても，個人の興味関心を広げ深めることができるものを備えなくてはならない。児童生徒が自由に手に取ることができ，在籍する人数と授業の展開に必要な十分な質と量を備えておく必要がある。

　特に絵本は，小学校入学時の児童の読書レベルの差を考慮して使われることもあるし，高校生の調べ学習に科学絵本が役立つこともある。英語多読用図書のように，分かりやすい図版や写真は読者の理解を助ける。マンガは，知識のバックグラウンドがないものにとって理解を深め知識を獲得する一つの方法としてすでに認知されており，作品としてもすぐれたものが出版され，すでに多くの学校図書館で図書資料として利用されている。

　雑誌は，新しい話題について写真や図版を使って分かりやすく主張・表現している。雑誌は編集段階で多くの人の目によって吟味されているので，閲覧は時間的にウェブ情報より遅くなるが，内容はより信憑性がある。雑誌の写真や図版はファイル資料に転用することもできる。

　新聞は決められた字数で端的に文章やグラフ・図版がまとめられているので，コラムや社説を読み比べたり，数紙の同一のトピックを読み比べそれぞれの新聞社の主張を検証したりする等の授業にも役立つ。社会科学のみならず，自然科学やその他の領域においても，日常的な授業の教材としても役立つ。また，2015年6月の公職選挙法等の改正による選挙権年齢の18歳以上への引下げ等に伴い，児童生徒が現実社会の諸課題を多面的に考察し，公正に判断する力等を身につけることが一層重要になってきているので，国は学校図書館への新聞の複数紙配備

が必要であるとし，平成19年度の第3次「新学校図書館図書整備等5か年計画」から学校図書館への新聞配備のために地方財政措置で予算に計上している。第5次学校図書館図書整備等5か年計画（平成29～33年度）の財政規模は，5か年計150億円（単年度：約30億円）（内訳）小学校等（1紙），中学校等（2紙）：約100億円，高等学校等（4紙）：約50億円（単年度：約10億円）である。

　パンフレットやリーフレットは，限定された主題について分かりやすく伝えるために作られているものである。そのため，ファイル資料として収集・整理することができれば特定主題に対する調査に大変有効である。また，そのデザインから効果的に情報発信していくための手法を学ぶこともできる。

（3）電子資料

　視聴覚資料といわれてきた音声・映像資料は，今日では音声・映像共にデジタル処理をされているものが多く，それらは電子資料に含めて考えられる。電子資料には CD-ROM，DVD-ROM，ネットワーク情報資源，デイジー（DAISY：Degital Accessible Information SYstem）等の資料がある。いずれの場合も，電子資料単体で児童生徒が気軽に視聴することはできないので，音声・映像を視聴するための機器を電子資料と共に図書館に備えておく必要がある。

　また，外国語教育を進めるために，英語多読用資料を備えている学校図書館も増えてきている。中には，音声を聞きながら読み進めることができる設備を整えている学校もある。

　インターネット等のネットワークを介して得られるウェブ情報は，統計データや特定の主題に対する情報源として大変有効である。しかし，テキストデータとしてみると，ホームページ上にあるテキストの情報量は印刷資料に比べるとはるかに少ない。また，印刷資料のように，私たちの手に届くまでに多くの目が入っているものとウェブ情報とは明らかにその信憑性の点で異なる。安易にウェブ情報を利用することは，大きなリスクを伴うことがあるので，ウェブ情報を正しく評価する必要があることを児童生徒に伝えた上で利用させなくてはならない。

　ウェブ情報を検索していく過程と，書架の前に立ち本のページをめくって情報を検索する過程は明らかに異なる。ウェブ情報は検索語ということばに対してピンポイントの情報を返してくる。一方，書架や目次をながめる行為は，図書の書名や目次に書かれていることばから自ずと周辺の情報も獲得してくる。探究型学習を展開していくのであれば，たった一つの正解を求めるのではなく問いの周辺情報を手に入れて思考を拡張・収束していくことが重要である。このように，印刷資料とウェブ情報の特性をそれぞれ必要に合わせて使い分けていくことができるように児童生徒に伝えていくことも学校図書館の大事な使命である。そのためには，図書館内でウェブ情報検索のための PC やタブレット端末，通信設備を備えていなければならない。

　視覚や読字に不自由な児童生徒に有効なのがマルチメディアデイジーである。デイジーは，元来は視覚障害者のためのデジタル録音図書であったが，さらに開発が進められ，音声と文字

をシンクロさせたものがマルチメディアデイジーである。読み上げている部分の文字をハイライト表示したり，文字の大きさや色，行間，縦書きや横書き等を変えたりすることができるので，利用者の見え方に合わせた表示を選択できる等，さまざまな機能がある。マルチメディアデイジーを学校図書館に備えて，どの児童生徒にとっても読書ができるユニバーサルな環境の整備を進めていく必要がある。

（4）参考資料

　図書館で行っている大切な仕事のひとつに，児童生徒の疑問に答えるという仕事がある。これは，レファレンスサービスといわれるもので，個々人の興味・関心から生まれた疑問もあるだろうし，授業の課題解決のために必要な場合もある。これらを調べるための百科事典や各種辞典・事典，図鑑，年鑑，統計等を参考資料という。参考資料は，語の定義や基本的な考え方について正確に記述され基本情報を押さえることはできるので，高価な資料が多いが必備である。半面，記述の正確さを求めるため編集から刊行までの時間がかかるので新しい分野の情報を包括することができない一面を持つ。

（5）地域資料

　「郷土資料」「地方行政資料」を地域資料という。「地域について調べる」テーマ等でよく使われる。当該地域に関する資料は，例え単行書として発行されていても，自費出版であったり小出版社による出版であったりするために大手取次流通には乗らないことが多いので，収集には情報のアンテナを張っておく必要がある。また，地元の観光案内や各自治体，自治体の出先機関，公民館等が広報用として作成しているもの等を積極的に収集・整備しておく必要がある。印刷物としてまとまった行政報告資料なども自治体の担当部署に連絡することで比較的容易に入手することができる。

（6）博物資料

　博物資料は実物標本や模型であるが，実際に手に取ってじっくり見ることで興味・関心の度合いが増し，理解が深まる。博物資料はかさばる物が多いので，収納する場所の確保を含めて検討する。

ステップアップ表

	ステップ1 ▶	ステップ2 ▶	ステップ3
図書館資料の種類と特性	□多様な印刷資料（図書，雑誌，新聞）を整備し日常的に提供する	□印刷資料・電子資料を整備しニーズに応じて提供する	□読字の困難な児童生徒にも利用できる資料を備える

5.2 図書館資料の選定

キーワード：

資料の選定，蔵書構築，読書材，収集方針，選定基準，現物選択，見計らい，出版情報，選書リスト，学校図書館図書標準，学校図書館メディア基準，蔵書配分比率

（1）図書館資料の選定の意義

学校図書館の蔵書の棚を見れば，その学校がどのような教育を目指しているのかが分かると言われる。それだけ，資料の選定と蔵書構築は学校教育と結びつく大切な作業である。

学校図書館は，児童生徒の心を育み人としての成長を促すために，児童生徒の興味関心や発達に応じた適切な読書材を提供すべきである。また，教育課程の展開に寄与するために，単元内容を知りどのように授業が展開されているのかを把握し，どのような授業が展開されるかを予測して使える資料を提供できなければならない。学校図書館は，限られた予算の中で自校の児童生徒のニーズや授業展開に即して効果的に使える資料を吟味して備えなければならない。

（2）学校全体で組織的，計画的に選定する

選書には，担当者の個人的好みや興味に左右されず，資料そのものの価値と自校のニーズが反映されなければならない。そのために自校の教育を支える資料の収集方針と個々の資料を選定する基準を決定し，学校全体で共有しなければならない。全国SLAや他校の選定基準が参考になろう。年度ごとに収集の重点計画をたて計画的に蔵書構築していくのもよい。

選定基準には，選定基準を設ける目的，資料収集方針，選定基準，特別基準などを含める。特別基準とは，雑誌，マンガ，ケータイ小説，ライトノベルなど，ある種類やジャンルによって個人の思いや考え方から，選定の基準が大きく分かれるものについての基準である。これは特に学校全体で協議し，全員の理解のもと分かりやすく文書化する必要がある。

選定は，現物を手に取って選定したり出版情報のリストを用いて選定したりする。現物選択には，書店や公共図書館で現物にあたる他「見計らい」の方法もある。これは，書店が見計らって学校に持ってくる図書の中から選定するものである。出版情報は，各種書評や目録を利用する。『学校図書館基本図書目録』（全国SLA　年刊）や『学校図書館速報版』（全国SLA　月2回刊），『SLBA 選定図書案内』（学校図書館図書整備協会：SLBA　年3回刊），『ヤングアダルト図書総目録』（同刊行会　年刊）などの他，テーマ別目録などがある。

選書は，本来は，選定委員会などで協議して決めるべきであるが，例えば，多忙な教師が時間を作り，見計らいの本を手に取って選書する場合，丁寧に選書できる長所はあるが，一方で

は何か月も選定会議にかかり情報の鮮度が落ちてしまうことがある。また，出版情報リストを用いる場合には，実際手に取って見ることができないので，資料を評価することは難しい。そこで，臨機応変に対応する一つの方法として，選書リストを回して確認を取る方法がある。

「学校司書」→「司書教諭」→「当該部長」→「事務長」→「管理職」と回覧し，問題や疑問があれば，その都度学校司書に照会し協議する。この方法は，書籍以外の雑誌，新聞，視聴覚教材（CD，DVD），電子資料（CD-ROM），ファイル資料，パンフレット，自館作成資料，模型など図書以外の資料についても利用できる。回覧する選書リストは，事前に教師や学年会あるいは教科部会等からの意見・要望を聞いたり，資料活用の実績あるいは授業での利用可能性のあるテーマを勘案したりして，学校司書と司書教諭で作成するものである。

学校司書は，その専門性から自館の選書に責任を持つ割合が自ずと高くなる。その責任を果たすためには，多様な選書ツールを知っておかなければならない。各種目録の他，特に役に立つのが，他校の学校司書の情報である。学校に一人の学校司書では，選書も偏りがちだが，それぞれ違う分野に精通している学校司書の存在も大切な選書ツールである。学校司書が選書についても地域や校種ごとで情報を共有できるように連携していくと良い。

（3）授業で使える蔵書構成を作る

蔵書は，往々にして9類の文学の比率が高くなり，授業の利用に対応できなくなっていく。どの分類の本も，過不足なくそろえなければならない。そこで，文科省の「学校図書館図書標準」（1993年）による蔵書冊数や全国SLAの「学校図書館メディア基準」（2000年）の蔵書配分比率を常に頭に入れておくようにしたい。ただし，これはあくまでも標準である。それぞれの学校が，その教育目標によって力を入れている分野が違っているので，それぞれの学校にふさわしい蔵書配分になるよう心掛けたい。

良い棚作りをしていくためには，やはり，授業で利用してもらうことこそ一番であろう。授業で利用されてみると，そのテーマの資料が思いのほか少ないことや使えない資料だったということが分かる。何が必要で何が不足しているのかは，利用されてみないと分からない。

学校全体でその教育内容に照らし合わせた蔵書を計画的に収集し，学校の全ての人が，あらゆる場面で「役に立った」と感じることのできる蔵書構成になるように心掛ける。

ステップアップ表

	ステップ1 ▶	ステップ2 ▶	ステップ3
図書館資料の選定	□必要に応じてその都度資料を選定する □「学校図書館図書標準」を達成するように努めている	□選定基準を明文化している □教育課程と関連を図り，資料を選定・収集する	□選定基準を教職員に周知している □児童生徒の学習成果物，各教師作成の指導案などを収集している

5.3 図書館資料の整理・配架

キーワード：

日本十進分類法（NDC），分類記号，目録，MARC，ローカルルール，蔵書のデータベース化，図書館管理システム，書誌データ，横断検索，相互貸借，案内図，サイン，展示

（1）分類・目録の意義

　図書館は知の宇宙である。その膨大な資料・情報は，学校図書館を含め日本の多くの図書館においては日本十進分類法（NDC）によって整理（組織化）されている。NDCは，知識の総体を10進法で展開していく分類方法である。NDC順に配架された書架には内容が関連した資料が並ぶことになるので，自分が関心をもって調べようとする問いの周辺にはどのような事象があるのかということが書架の前に立つことで自然に分かる。分類記号は，高等学校では3桁の他に補助的数字を入れて知識を細分化している。小学校では2桁分類の所もあるが，将来の利用を考えれば3桁表示が望ましい。また，小学校低学年にはシンボルを併せて示したり第一次区分（類目）の名称をやさしく示したりして分類の概念を教える。

　分類が記号から資料を探すのに対して，目録は，著者や書名，件名（資料の主題を示す語），キーワードなどの語から資料を探すものである。従来はカード形式であったが，現在ではパソコンによって整理されデータベース化されているところが増えている。パソコンで扱える目録情報（MARC：MAchine Readable Cataloging）は，本の購入時に共に購入することもできるし，国立国会図書館の目録情報（JAPAN／MARC）を利用することもできる。

（2）分類のローカルルール

　NDCに厳密に従えば，「コンピュータ」といっても，「ソフトウェア」や「人工知能」，「SNS」は「007」に分類され，「ハードウェア」や「インターネット」は「547」に分類されるなど分類記号が異なる。つまり配架場所が離れることになる。この場合は「547」のものでも「007」に配架することがある。また，「ことわざ」は「159」か「388」だが，国語の授業で使うことが多いので「814」に配架することがある。このように利用者の便を図って敢えてNDCとは異なる分類記号の場所に配架することがある。これは，利用者の用いる検索語や感覚を考慮して行う方法で，自館独自の分類ルール，つまりローカルルールという。この措置を書架上に示し，児童生徒に周知させることで利用しやすく，利用が促進される場合がある。

（3）蔵書のデータベース化

　蔵書のデータベース化は，どの語からでも検索可能であるので，児童生徒の特に特定主題の検索に大変便利である。図書館側にとっても，多様な質問に自校図書館の資料を把握して的確に答えていくために，資料内容が多面的に検索できるデータベース化はもはや必須である。

　このデータベースを使って，図書館管理システムで貸出や返却を簡便にすることも可能である。貸出・返却，予約などの図書館の基本的なサービスをシステムで行うことができる。統計データを手に入れることも同時に可能である。また，利用者開放端末を用いて児童生徒は日常的に自ら資料の検索を行い，知的好奇心を満たすために生涯にわたって図書館を十全に使うことができるスキルを身に付ける訓練が学校図書館でできる。

　書誌データの形が共通のものであれば，学校図書館がそれぞれのデータを集積し，一つのデータベースにすることで地域内での横断検索を行うことができる。これによって，自校に必要な資料を他校から借用したり，逆に貸出したりする相互貸借を促進することができる。授業の展開上，複数資料が必要な場合，相互貸借で資料を収集・提供するのは学習効果を上げるために大変有効である。また，資料費の節約にもつながるなど有益なことが多い。

（4）児童生徒が自ら資料と出会う

　児童生徒が求める資料に自分でアクセスできるように，図書館内の案内図やサインを示すことが重要である。小学校低学年児童に分かりやすい館内サインは，NDC を想像させるシンボルを使うこともよいだろう。また書架見出しは探しやすいように大きくし数も多くする。自分で資料・情報を探していくことができれば，それは児童生徒にとって知的探究心を育てることだけでなく自己肯定感の育成にもつながる。

　また，季節や学習内容，時事的な話題など，児童生徒の興味関心があるもの，興味関心を呼び起こすものなどさまざまな観点で展示する。これは，図書館という知の宇宙だからできることである。展示は児童生徒に自分の知っている世界とは異なる新たな発見を促す。これらの知的刺激は，児童生徒の知的好奇心を，彼ら自身の内側から外へ引き出していくために有効な手立てとなる。

ステップアップ表

	ステップ1 ▶	ステップ2 ▶	ステップ3
図書館資料の整理・配架	□資料を分類し分かりやすく配架する □館内案内図を作成する	□児童生徒が自ら資料にアクセスできるように工夫する □棚見出しを多く作る	□児童生徒の知的好奇心を刺激するような展示や掲示をする □ポップを作成する

5.4 図書館資料の評価・廃棄・更新

キーワード：

資料評価，『学校図書館基本図書目録』，蔵書評価，廃棄，更新，廃棄基準，廃棄図書選定委員会，除籍，移管

（1）資料を授業利用と関連して評価する

学校図書館の蔵書は，個の読書に対応するだけでなく学校教育に役立つものでなければならない。その教育目的を保証するためには，資料選定時にも廃棄・更新時にも資料評価が前提となる。資料評価は一般的に，図書部会あるいは選定図書・廃棄図書選定委員会で行う。

また資料の集積つまり蔵書を評価することも忘れてはならない。蔵書評価は，『学校図書館基本図書目録』（全国 SLA）などのリストと照合したり，他校の蔵書と比較したりする方法がとられる。

また，日々の授業で利用された資料の役立ち度を測ることが大切である。例えば，授業で用いる資料リストに予め評価欄を設けておき，授業が終わった時点で役に立った程度を3段階などで記入してもらうこともできる。これは児童生徒自身に記入してもらってもよいし，教員に資料評価をしてもらってもよい。その他学期末や年度末に，教員に図書館に集まってもらい教科ごとやテーマごとに使える本をチェックしてもらうのもよい。自校の授業展開に必要な資料を評価し精選していくことが大切である。

（2）図書の廃棄・更新は，鮮度の良い図書館を作る

廃棄の判断は3つの側面からの評価による。第1は内容的な評価である。刊行後の時間の経過とともに，誤った情報や古くなった情報が記載されている資料がある。第2は物理的な面である。汚損や破損の程度である。図書館の本は古くて汚いという印象を与えると，児童生徒は書架に手を伸ばさない。小学校では，壊れた本を見つけたら「本の病院」へ入れてください，としてカウンター横に「本の病院」と書いた箱を備えているところもある。第3は利用面での評価である。利用頻度がごく少なかったり利用者から役に立たないと評価されたりすることをもとに判断する。図書費が少なく，新しい本の購入もままならない学校図書館では，つい廃棄に二の足を踏んでしまうが，利用できないものは計画的に適切な廃棄・更新をしなければならない。そのために「選定基準」とともに「廃棄基準」も明文化しておかなくてはならない。廃棄基準を作成するには，全国 SLA や他校の廃棄基準を参考にすると良い。

廃棄は，全国 SLA 廃棄基準によると，例えば，「百科事典・専門事典」は「刊行後 10 年を

経ているもので，補遺が刊行されていない図書」が廃棄対象となる。年鑑，白書，郷土資料，貴重書は廃棄の対象としないことも留意しておく。判断に迷った時などは，各教科担当教員などに相談すると良い。また，更新は収集方針に含められているところもあるが，例えば，新版・改訂版が刊行されたものは更新する，携帯に便利で児童生徒の好まれる文庫本化されたものは更新するなど，予算との兼ね合いもあるが，共通認識を図っておくとよい。

　資料の選定から廃棄・更新までの作業は，図5－1のようなサイクルを辿る。

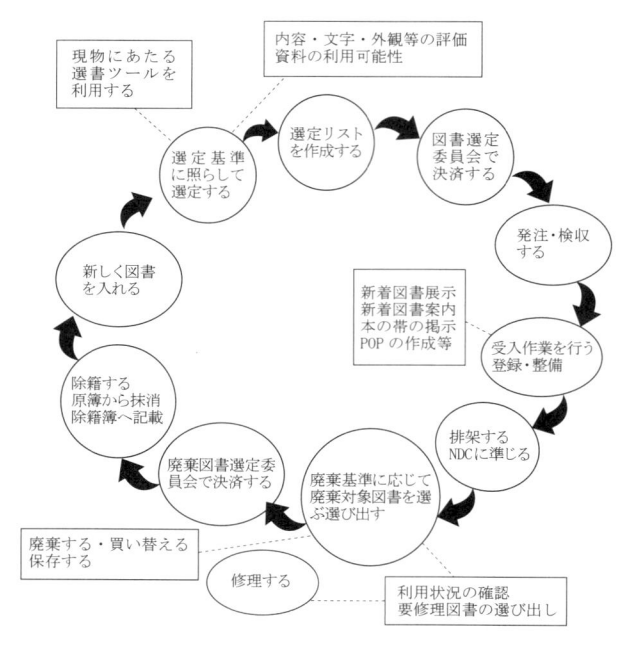

図5－1　受入から廃棄の流れ

（3）価値ある本は移管する

　蔵書を点検していると，汚破損や内容が古いために本来ならば廃棄にすべきものでも，絶版や灰色文献のために買い替えができなかったり類書では代替がきかなかったりする貴重な資料が出てくる。このような場合は，公共図書館，博物館など他の機関に，その資料を移管して地域として保存することを検討する。たとえチラシ1枚であっても，もし，この1枚が後世の貴重な資料となるならばおろそかにできない。本当に廃棄しても良い資料なのか，代替の利かない貴重な資料なのか，1冊1冊を慎重に丁寧に精査していくべきである。

ステップアップ表

	ステップ1 ▶	ステップ2 ▶	ステップ3
図書館資料の評価・廃棄・更新	□廃棄基準が共通認識されている □傷んだ本を廃棄する	□廃棄基準が明文化されている □内容の古い本を廃棄し適宜更新している	□廃棄基準を教職員に周知している □計画的に蔵書を評価し廃棄し更新している

5.5 学習／教育に役立つ資料の作成

キーワード：

教科別資料リスト，パスファインダー，ファイル資料，索引，リンク集，情報の編集・加工，調べ学習テーマ，統計データ，ウェブサイト，博物館，クリッピング

（1）情報の編集・加工

　学校図書館には学習／教育に対応したさまざまな資料が求められる。ニーズにきめ細かく応じるためには市販されていない資料が必要となる場合があり，特に資料・情報に詳しい学校司書が既存の情報を編集・加工して新たな独自の資料を作成する場合がある。そのような資料には，教科別資料リスト，パスファインダー，ファイル資料，索引類，リンク集（p. 141 掲載「学習に役立つサイト」参照）などが含まれる。

（2）教科別資料リスト

　教科別資料リストとは，教科・単元の調べ学習テーマに対応した資料の一覧表であり，児童生徒の情報検索を支援するツールである。リストには書名や著者名，シリーズ名，分類番号などその図書を特定できる書誌データを記入する。その他，簡単な内容紹介を添えるとニーズに合う資料が選びやすい。授業計画を事前（例えば年間指導計画を参考にひと月前）に把握し学年部の担任へ案内しておくと，図書館活用授業への呼び水にもなる。入学式，卒業式，遠足，運動会，修学旅行，文化祭なども潜在的ニーズは高いので利用要求がなくても時期が近づいたら全教職員に配布するとよい。授業で使った本や，レファレンスの記録，新しく購入した資料などを追加記録し徐々にリストを充実させていく。

（3）パスファインダー

　パスファインダーとは，「ある特定のテーマに関するさまざまな資料・情報を，自校図書館やインターネット，地域の諸施設などを利用して探す方法をまとめたものである」[1]。パスファインダーの作成はキーワードの選定から始めるとよい。例えば「労働」というテーマであれば，社会の変化に伴い，5年前と現在ではその語に包括される内容は大きく変化しているため，キーワード選定は重要である。パスファインダーに記載する情報源は，概略をまとめて体系的に事柄を理解できる資料や，統計データ，より深く理解するための専門的な内容の資料など，さまざまなレベルの情報源を含める。ウェブサイトやテーマに関連した地域の博物館や施設・機関等の紹介も必要である。

（4）ファイル資料

　ファイル資料は，ファイルボックスやクリアファイルなどを用いて管理されるものである。ファイルされるものは，1枚もののチラシやリーフレット，パンフレットなど，販売されておらず再入手が困難な資料が多い。ポスター，絵葉書き，写真，版画，地図，楽譜や地域の行政情報や，施設・機関情報，人材情報，新聞や雑誌の切り抜きのクリッピングも含まれる。クリッピングには，分類番号，新聞名，年月日，テーマを書き入れる欄が印刷された台紙を常備しておくと整理しやすい。

　ファイル資料は毎年見直し，更新・廃棄を行い適切に保つ。図書委員会活動やボランティアなどの協力も得て更新・保存作業を進めるとよい。

（5）索引類

　索引とは情報の所在を示すものである。全国紙の「新聞記事索引」はデータベースとして市販されているが，地方紙の新聞記事索引は市販のものが少なく必要に応じて自館で作成する。特定の雑誌の特集号について目次をコピーしてファイルしておくこともある。

　また，学習のテーマに対応して，各種の情報の所在を一覧できるようにしておくと便利である。例えば，地域の特産品「柿」を調べる際に，「か」行の「カキ」を引くと柿に関する図書資料の他，パンフレット，リーフレット，行政の刊行物，新聞の切り抜きなどの情報源の一覧とその詳細情報を示しておくのである（表5−2）。

　特に地域資料は，タイトルが類似している上，1冊の中に歴史，観光，特産品，偉人伝などさまざまな情報が一緒に含まれる事も多く情報検索に時間がかかる。そこで図書とファイル資料を網羅した上述のような相関索引があれば便利である。過去の学習テーマやレファレンス事例を記録しておき，情報ニーズの高いものから順次相関索引を作っていく。

（6）自校資料

　過去の授業案，ワークシート，学習で児童生徒が作成した成果物，作品など，本人の了承を得て収集し保管しておくと，教員の教材研究や児童生徒の学習の見通しを立てる際に役立つ資料となる。学校便りや，PTA 通信，記念式典のプログラム，写真，動画等，各種コンクール入賞作品なども保存，管理しておくとよい。図書館での一括管理が難しい場合は，保管先リストを作成して所在を把握しておくと便利である。

NO	50音	こうもく 項 目	ないよう 内 容	しりょうめい 資 料 名	掲載 ページ	NDC
1	カ	かき 柿	・柿 すだれ	パンフレット 東出雲 の響き	p12	090
2		かき 柿	・柿 すだれ風景 写真	パンフレット 東出雲風土記	p8	090
3		かき 柿	・畑地区での柿づくりの 始まり	パンフレット 東出雲のすごい人	p4	090
4		かき 柿	・干し柿の作業工程	パンフレット 東出雲風土記	p58	090
5		かき 柿	・出荷量，出荷先	パンフレット 東出雲風土記	p58	090
6		かき 柿	・柿アイスクリーム	東出雲町地誌	p77	090
7		かき 柿	・料理（寿司・サラダ・ようかん・茶）	そだててあそぼう30 カキの絵本	p28－29	626
8		かき 柿	・ゴルフウッド	東出雲町広報縮刷版 1 巻	p622	090
9		かき 柿	・柿の耕作地図	副読本 H8年版 わたしたちの東出雲	p64－65	090
10		かまぼこ	・なぜ東出雲でかまぼこが作られるようになったか	パンフレット 東出雲 の響き	p25	090
11		かまぼこ	・種類・生産			
12		かまぼこ	・つくりかた（写真）			
13	キ	キリシタン 灯篭	・東泉寺			
14		切り火	・市ノ原地区			
15		京羅木山	・郷土の山々の標高	東出雲町地誌	p7	090

例えば，地域の特産品「柿」を調べる際に，「か」行の「カキ」を引くと柿に関する図書資料の他，パンフレット，リーフレット，行政の刊行物，新聞の切り抜きなどの情報源の一覧と，それらの保管場所（分類番号）や，柿の何が書いてあるか（種類がわかる，料理がわかる，など簡単に内容紹介を添え）記載ページも示しておく。

表5－2　索引の例（一部抜粋）

ステップアップ表

	ステップ1 ▶	ステップ2 ▶	ステップ3
学習／教育に役立つ資料の作成	□教科別資料リストを作成している □ファイル資料を作成している	□パスファインダーを作成している □学習に役立つサイトのリンク集を作成している	□索引等の二次資料を作成している □教師の授業研究のためのサイトのリンク集を作成している

【注・引用文献】

［1］高橋元夫［ほか］（2000年）『学習指導と学校図書館』放送大学教育振興会

【参考文献】

○全国学校図書館協議会「シリーズ学校図書館学」編集委員会編 (2010)『情報メディアの活用』(シリーズ学校図書館学5) 全国学校図書館協議会

○鹿島みづき著 (2016)『パスファインダー作成法：主題アクセスツールの理念と応用』樹村房

6章 特別支援学校の図書館

6.1 学校図書館の運営
6.2 多様なニーズに応える図書館資料の充実
6.3 学校図書館の利活用

6.1 学校図書館の運営

キーワード：

特別支援学校，学校図書館の必要性，ボランティアの協力，図書館資料の種類，公共図書館などとの連携，視覚障害，聴覚障害，肢体不自由，知的障害，点訳，音訳，拡大訳，点字図書館

特別支援学校には，視覚障害のある児童生徒を対象とした学校，聴覚障害のある児童生徒を対象とした学校，肢体不自由のある児童生徒を対象とした学校，病弱な児童生徒を対象とした学校，知的障害のある児童生徒を対象とした学校，児童生徒の障害種を限定しない総合型の学校がある。これら特別支援学校においても，学校図書館の設置が法令で義務付けられている。

ところが，特別支援学校においては，学校図書館未設置の学校もあることが明らかとなっている。全国学校図書館協議会が 2013 年に実施した全国調査の結果によると，特別支援学校全体で約 1 割，知的障害のある児童生徒を対象とした学校にあっては約 2 割で，学校図書館が設置されていなかった[1]。

特別支援学校にあっても，学校図書館の目的や機能は小学校などと何ら変わるものではない。したがって，学校図書館の一層の整備・充実が欠かせない。そのためには，特別支援学校の管理職を含む全教職員が学校図書館の必要性をしっかりと認識することがまずもって大切である。

当然ながら，「学校図書館ガイドライン」で示された内容は，特別支援学校の学校図書館においても全て当てはまるものであり，本書の前章までの内容も参考にしつつ，運営，環境整備，利活用等に生かしていきたい。中でも，ボランティアの協力と，図書館資料の種類の 2 点については，特別支援学校（教育）への特段の言及がなされており，留意したい。

「学校図書館ガイドライン」では，「（4）学校図書館に携わる教職員等」の中で次の点を示している。

> また，学校や地域の状況も踏まえ，学校司書の配置を進めつつ，地域のボランティアの方々の協力を得て，学校図書館の運営を行っていくことも有効である。特に特別支援学校の学校図書館においては，ボランティアの協力は重要な役割を果たしている。

（下線は筆者による）

特別支援学校では，とりわけ，図書館資料の整備に協力するボランティアの存在が大きい。

特別支援学校に在籍する児童生徒の障害の状態や特性及び発達の程度などは多様である。したがって，市販の図書館資料を選択・収集するだけでは，図書館資料の整備は十分とはいえない。なぜならば，点字図書，音声図書，拡大文字図書などは，市販されているものがまだ限ら

れているからである。

そこで，点訳，音訳，拡大訳等の専門スキルを持つ地域のボランティアに協力を求めて，学校図書館がこれらの資料を製作[2]しているのである。特別支援学校の中でも視覚障害のある児童生徒を対象とした学校では，司書教諭や学校司書のコーディネートのもとに古くからボランティアが活躍しているところが多い。学校図書館だけで 1000 人近いボランティアが協力しているケースもある。それだけ資料の製作には，人手が必要ということである。

こうした専門スキルを持ったボランティアを学校図書館が新たに確保することは，1校単独では容易ではない。すでにボランティアの協力に実績がある他校の学校図書館，障害者サービスに取り組む公共図書館，点字図書館，社会福祉協議会等との連携が有効である。

例えば，三重県立盲学校[3]では，小学生から成人までの児童生徒が在籍しており，絵本，児童書から一般書，理療科の専門書までの幅広い内容と，墨字図書，拡大文字図書，さわる（絵）本，点字図書，音声図書などのさまざまな形態の資料が求められている。ここでは，図6－1のように児童生徒のニーズに対応して資料を収集・提供している。

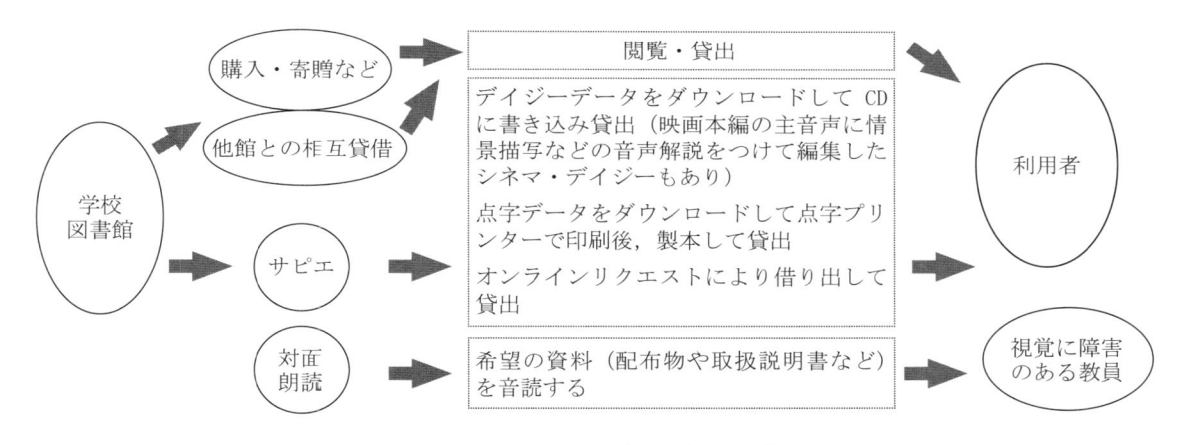

図6－1　三重県立盲学校図書館の資料の収集・提供
（引用文献[3]及び三重県立盲学校司書・二宮氏からの情報提供をもとに作図）

ステップアップ表

	ステップ1	ステップ2	ステップ3
学校図書館の運営	□学校図書館が設置され，運営の担当者が明確になっている □学校図書館の運営に関する各種の計画が作成されている	□学校図書館の必要性について担当者以外の教職員が認識している □学校図書館の運営にあたって担当者以外の教職員の協力が得られている	□学校図書館の運営にあたって必要に応じてボランティアの協力が得られている □学校図書館の運営にあたって必要に応じて公共図書館等との連携が図られている

6.2 多様なニーズに応える図書館資料の充実

キーワード：

合理的配慮，点字図書，音声図書，拡大文字図書，LLブック，マルチメディアデイジー図書，外国語による図書，読書補助具，拡大読書器，サピエ，視覚障害者等用データ送信サービス

「学校図書館ガイドライン」では，「（5）学校図書館における図書館資料」の中で，図書館資料の種類について次の点を示している。

　　発達障害を含む障害のある児童生徒や日本語能力に応じた支援を必要とする児童生徒の自立や社会参画に向けた主体的な取組を支援する観点から，児童生徒一人一人の教育的ニーズに応じた様々な形態の図書館資料を充実するよう努めることが望ましい。例えば，点字図書，音声図書，拡大文字図書，LLブック，マルチメディアデイジー図書，外国語による図書，読書補助具，拡大読書器，電子図書等の整備も有効である。

ここに例示されている図書館資料のうち，LL ブックやマルチメディアデイジー図書は，近年その必要性が高まっているものである。LL ブックは，主に知的障害のある児童生徒や日本語能力に応じた支援を必要とする児童生徒などのために，やさしく読みやすい日本語の文章で書かれた図書のことである。絵や写真と共に，本文の意味理解を助けるために絵記号（ピクトグラム）が添えられていることが多い。LL は，スウェーデン語の Lättläst の略で，「やさしくて読みやすい」の意味である。マルチメディアデイジー図書は，電子図書の一種で，本文の文字サイズを拡大したり，音声で読み上げたり，読み上げ部分の本文をハイライトさせる等の機能がある[4]。主に知的障害や学習障害のある児童生徒等の利用が想定されている。この他，読書補助具としては，学習障害のある児童生徒のうち，ディスレクシア（読字障害）のある児童生徒の読書を補助するリーディングトラッカー（写真）がよく知られている。

これらさまざまな形態の図書館資料は，特別支援学校の学校図書館はもちろんのこと，特別支援学級や通級指導教室を設ける学校，日本語学級（国際教室）を設ける学校の学校図書館においても充実が求められる。2016 年 4 月には，障害を理由とする差別の解消の推進に関する法律（障害者差別解消法）が施行され，全ての国公立学校には「合理的配慮」の提供が義務付けられたことにも留意する必要がある。

図書館資料の充実のためには，市販のものが限られている中にあって，前節で述べたようにボランティアの協力による製作や，他校の学校図書館，地域の公共図書館，点字図書館等との連携による図書館資料の相互利用が重要になってくる。また，「サピエ」[5]や，国立国会図書館の「視覚障害者等用データ送信サービス」[6]の活用も，図書館資料の充実にとって有効である。

すでに『ユネスコ・国際図書館連盟共同学校図書館宣言』(1999年)では「通常の図書館サービスや資料の利用ができない人々に対しては，特別のサービスや資料が用意されなければならない」としており，さまざまな形態の図書館資料の充実をはじめとした環境整備は，これを実践するためのベースとなるものである。計画的・継続的に取り組みを進めていきたい。

写真　リーディングトラッカーの使用例　　（筆者撮影）

ステップアップ表

	ステップ1 ▶	ステップ2 ▶	ステップ3
多用なニーズに応える図書館資料の充実	□学校図書館として，児童生徒の障害の状態や特性及び発達の程度等に応じた図書館資料の種類を把握している	□学校図書館として，児童生徒の障害の状態や特性及び発達の程度等に応じた図書等のうち市販のものを選択・収集し提供している	□児童生徒の障害の状態特性及び発達の程度等に応じた図書館資料を公共図書館等との連携により借り受けて提供している □児童生徒の障害の状態や特性及び発達の程度等に応じた図書館資料をボランティアの協力のもとに製作し提供している

6.3 学校図書館の利活用

キーワード：
学習指導要領，主体的・対話的で深い学び，学習活動，読書活動，計画的な利活用，情報活用能力，教育課程，カリキュラム・マネジメント

　特別支援学校の各学部の学習指導要領においても，小学校等と同様に，「主体的・対話的で深い学び」（いわゆる，アクティブ・ラーニング）で児童生徒の資質・能力を育むことが基本的な考え方として取り入れられた。中でも，総則では，「*学校図書館を計画的に利用しその機能の活用を図り，児童又は生徒の主体的・対話的で深い学びの実現に向けた授業改善に生かすとともに，児童又は生徒の自主的，自発的な学習活動や読書活動を充実すること。また，地域の図書館や博物館，美術館，劇場，音楽堂等の施設の活用を積極的に図り，資料を活用した情報の収集や鑑賞等の学習活動を充実すること*」とあり，学校図書館がこれまで以上に重視されている。

　「学校図書館ガイドライン」の「（3）学校図書館の利活用」にも示されている通り，特別支援学校においても，在籍する児童生徒の障害の状態や特性及び発達の程度等に配慮しながら，「学習指導要領等を踏まえ，各教科等において，学校図書館の機能を計画的に利活用し，児童生徒の主体的・意欲的な学習活動や読書活動を充実するよう努めることが望ましい。その際，各教科等を横断的に捉え，学校図書館の利活用を基にした情報活用能力を学校全体として計画的かつ体系的に指導するよう努めることが望ましい」。

　各校の教育課程は，学習指導要領に基づき，各校で編成することになっている。また，学習指導要領では，新たに，教育課程に基づき組織的かつ計画的に各校の教育活動の質の向上を図っていく「カリキュラム・マネジメント」に努めることも求めている。各校の中で，学校図書館をどこにどう位置付けることができるかが，学校図書館を利活用した学習活動，読書活動の全校的な展開に向けてのカギとなるだろう。そのための学校図書館側からの積極的な参画や働きかけが欠かせない。図6－2は，特別支援学校の年間指導計画の例（一部抜粋）である。

　なお，特別支援学校において，自校の教育課程に学校図書館を位置付けて計画的に利活用を進めているところは，全国学校図書館協議会による2013年の全国調査の結果によると，特別支援学校全体で約2割であった。肢体不自由のある児童生徒を対象とした学校と病弱な児童生徒を対象とした学校では3割を超えていたものの，それ以外の学校では2割前後にとどまっていた[7]。

あわせて，考えなければならないのは，学習活動や読書活動の実践を創造し，学校図書館の利活用を具現化していくのは教職員一人ひとりだということである。言い換えれば，教職員一人ひとりの教育方法（指導法）に依存している部分が大きいということである。いくら学習指導要領や「学校図書館ガイドライン」に学校図書館の利活用が明示されているからといって，いきなり実践できるわけではない。

1年	4月	5月	6月	7月	8・9月	10月
国語	図書室オリ、話手紙の書き方（時候の挨拶）	辞書の使い方（国語・漢和辞典）	読み取り（新聞、雑誌）情報誌の活用	はがきの書き方（暑中見舞い）	マナー（挨拶、言葉遣い、敬語）	手紙の書き方
数学						小遣い帳（家計簿）
理科	人の身体のつくりについて（身体各部名称、呼吸の仕組み）				人の身体のつくりについて（肺、消化、血液循環、骨と筋肉）	
美術	造形に関する本（技法についての本）、観賞用の作品集、デッサンの仕方、水彩画の書き方、飛び出すクリス					
家庭	手縫いの基本について、小物づくり（アームカバー、ペットボトルホルダー）	栄養素の働き 栄養所要量、調理器具の使い方、食育 調理の基礎　9月：高齢者				洗濯、アイロンがけ、品質表示
職業					マナーについて	
音楽	CD，DVD（クラシック，J-POP，日本伝統の音楽，ミュージカル，アニメ，ダンスミュージック）					
外国語	英語の本（ゲーム，簡単な英会話，物語，外国の行事についての本），英語のDVD，CD，英和辞典，和英					
情報	エクセル、ワードの説明書の本など、デジタルカメラの使い方					
保体	保健・生活習慣（病）に関する本、性教育に関する本（通年）					
自立	1～3年（通年）コミュニケーションゲームに関する本					
総合	調べ学習で、図書館の本を利用					
2年	4月	5月	6月	7月	8・9月	10月
国語	作文の書き方	マナー（敬語）情報誌（新聞）の活用	辞書の使い方	はがきの書き方（暑中見舞い）図書室利用	マナー（敬語）	手紙の書き方
数学	時間と時刻の本（4～7月）				小遣い帳のつけ方	
社会	鳥取県のこと（東部、中部、西部）について				日本の歴史について	
美術	造形に関する本（技法についての本、観賞用の作品集、デッサンの仕方、水彩画の書き方）、鳥取県の伝統					

図6-2　特別支援学校の年間指導計画の例（一部抜粋）[8]

　また，障害のある児童生徒，特に重度・重複の障害のある児童生徒には学校図書館の利活用は難しいのではないかと考えている教職員は，特別支援学校にあっても残念ながら少なくない。こうした認識を転換し，工夫次第でどんな障害のある児童生徒であっても学校図書館を利活用した学習活動や読書活動の実践は可能であることを全教職員が共通理解することも大切である[9]。学校図書館は，特別支援学校における学校図書館利活用の実践事例を自校・他校を問わずに積極的に収集し，「職員用図書館だより」や校内研修を通して教職員に発信・伝達したり，授業づくりの相談に応じるなど，教職員一人ひとりの教育方法の改善と認識の転換に向けた意識的かつ意図的なアプローチの取り組みも忘れてはならない。

ステップアップ表

	ステップ1 ▶	ステップ2 ▶	ステップ3
学校図書館の利活用	□学校図書館の利活用に関する各種の計画はなく、利活用は教職員に一任されている □教職員の一部が学校図書館を利活用している	□教育課程に基づき学校図書館の利活用に関する各種の計画を作成している □教職員の利活用を促す校内研修や情報発信，相談等に取組んでいる	□各種の計画にしたがい，全教職員が学校図書館を利活用している

【注・参考文献】

[1] 野口武悟 (2014)「特別支援学校における学校図書館の現状（Ⅰ）：施設と経営体制を中心に」『学校図書館』765　全国学校図書館協議会　pp.45-49

[2] 法的には複製に当たる。著作権法第37条第3項により，学校図書館（特別支援学校に限らず全校種が適用）であれば，原本の著作権者に許諾なく視覚障害者などのためにその人が必要とする方式で複製と自動公衆送信を行うことができる。

[3] 文部科学省 (2014)「これからの学校図書館担当職員に求められる役割・職務及びその資質能力の向上方策等について（報告）」pp.52-53〈http://www.mext.go.jp/component/b_menu/shingi/toushin/__icsFiles/afieldfile/2014/04/01/1346119_3.pdf〉2018年3月30日アクセス

[4] 公益財団法人伊藤忠記念財団電子図書普及事業部では，希望する全国の学校図書館にマルチメディアデイジー図書を無償で寄贈する事業を行っている。

[5] 視覚障害者情報総合ネットワークのこと。利用申込（利用料も必要）をすることで，全国の点字図書館などが製作した点字図書，音声図書などのデジタルデータをダウンロードして利用できる。全国視覚障害者情報提供施設協会が運営している。

[6] 国立国会図書館や全国の公共図書館などが製作した点字図書，音声図書等のデジタルデータをダウンロードして利用できるサービス。利用のためには，国立国会図書館に利用申請をして送信承認館となる必要がある。

[7] 野口武悟 (2014)「特別支援学校における学校図書館の現状（Ⅱ）：所蔵メディアと利用・活用を中心に」『学校図書館』767　全国学校図書館協議会　pp.35-39

[8] 鳥取県教育委員会 (2016)『つなげる・ひろげる・そだてる学校図書館：学校図書館活用ハンドブック』p.13

[9] 実践事例については，以下の文献が参考になる。
　▶野口武悟編著 (2010)『一人ひとりの読書を支える学校図書館：特別支援教育から見えてくるニーズとサポート』読書工房
　▶野口武悟・成松一郎編著 (2015)『多様性と出会う学校図書館：一人ひとりの自立を支える合理的配慮へのアプローチ』読書工房

7章 学校図書館の施設

7.1 学校図書館と施設整備指針
7.2 学校図書館の環境デザイン

7.1 学校図書館と施設整備指針

キーワード：
学校施設整備指針，平面計画，各室計画，十分な広さ，自習スペース，グループ学習，学校図書館施設基準，図書館の位置，新築・改築，図書の分散配置

（1）学校図書館の整備・改善における指針

　文科省では，学校教育を進める上で必要な施設機能を確保するために，計画・設計上の留意事項を示した『学校施設整備指針』を学校種ごと（幼稚園，小学校，中学校，高等学校，特別支援学校）に策定している。現行の整備指針はいずれの学校種とも2016年3月に改訂されたもので，各留意事項の末尾を「〜重要である」「〜望ましい」「〜有効である」と記述してその優先性を示している。

　整備指針の中で学校図書館について特に述べられているのは，第3章平面計画（図書室）と第4章各室計画（図書室）である。「小学校施設整備指針」と「中学校施設整備指針」では学校図書館に関する項目数も内容も同一で，主体の名称が「児童」か「生徒」かの違いだけである。

　第3章平面計画は，小学校，中学校では，（1）「十分な広さの空間」と児童（生徒）の「活動範囲の中心的な位置に計画することが重要」，（2）「図書，コンピュータ，視聴覚メディアその他の学習に必要な教材等を配備した……計画」も有効（3）「学習・研究成果の展示できる空間」の計画も有効，としている。高等学校では，これらに加えて，「自習スペースやグループ学習で利用できる室・空間を計画することも有効」などが示されている。

　第4章各室計画は，小学校，中学校では，（1）「多様な学習活動に対応することができるよう面積，形状等を計画することが重要」，（2）「1学級相当以上の机及び椅子を配置し……できる面積，形状とすることが重要」，（3）「……学習センター的な機能，……情報センター的な機能，……読書センター的な機能について計画することが重要」，（4）「司書教諭，図書委員等が……を行うための空間を確保することが望ましい」，（5）「資料の展示，掲示のための設備を設けることのできる空間を確保することも有効」（6）「図書を分散して配置する場合は，役割分担を明確にし，……計画することが重要」と述べられている。高等学校では，「図書その他の資料の検索及び管理，他の学校や地域の図書館等との緊密な連携等のための情報機器の導入に対応できるよう面積，形状等を計画することも有効である」などの項目が増えて8項目となっている。

　また，全国SLAの「学校図書館施設基準」（1990年制定，1999年改訂）では，小学校，中学校，高等学校の規模別に各スペースの最低面積を数値で示している。各スペースとは，次の

14 項目のための空間である。

　①学習読書試聴，②ブラウジング，③コンピュータ，④配架，⑤受付，⑥スタッフ，⑦保存収納，⑧検索，⑨展示，⑩委員会，⑪教員研究，⑫制作，⑬ネット面積，⑭交通部分

（2）図書館の位置

　学校図書館は，建築的には学校という施設の中の一部屋であることが多いので「図書室」と呼ばれることも多い。しかし，学校図書館法の第2条には，「この法律において『学校図書館』とは，……を目的として設けられる学校の設備をいう」と定義されている。したがって，例え，校舎内の一部屋の図書室であっても，機能的に学校図書館なのである。

　施設基準に記されているように，「各教科における学習活動等において効果的に活用することができるよう普通教室等からの利用しやすさを考慮しつつ，児童（生徒）の活動範囲の中心的な位置に計画することが重要である。」これは，「図書館は学校の心臓部」や「図書館は教育の中核」といった表現にも対応する。

　実際，図書館を建物の中心部に置く学校もある。児童生徒の昇降口のすぐ近くに図書館を置く学校もある。新築や改築の場合ではなくても，既存の空き教室を利用して図書館の場所を検討したい。また，授業で情報探索を図書館内とインターネット検索を必要に応じて行うために，図書館と情報室が隣接しているところもある。

（3）図書の分散配置

　小学校では図書を分散配置することがあるが，それには注意を要する。調べ学習用図書と読書活動用図書を分ける場合には，学習指導のための円滑な行き来や，緊急時の非難の安全性，教材教具の運搬の利便性，障害のある児童生徒の動線を考慮する点等からその距離が最短距離になるようにする。また，低学年用図書，中学年用図書，高学年用図書に分けることは，児童の発達段階と学年レベルが比例しているわけではないので慎重にすべきである。

ステップアップ表

	ステップ1 ▶	ステップ2 ▶	ステップ3
学校図書館と施設整備指針	□読書センターとしての機能が果たせるように整備されている □十分な広さの空間がある	□学習センターとしての機能が果たせるように整備されている □2学級が同時に図書館で授業ができる	□情報センターとしての機能が果たせるように整備されている □教職員のための資料と空間が用意されている

7.2 学校図書館の環境デザイン

キーワード：

学習スタイル，ホワイトボード，電子黒板，実物投影機，思考ツール，ワークシート，情報カード，パブリック・スペース，インクルーシブ教育，車イス，サイン表示，ユニバーサルデザイン

（1）多様な学習スタイルへ対応できる空間

　これからの「学び」は，知識の獲得だけを重視するのではなく，必要に応じてその都度知識を補いながら，何を生み出していくかさまざまな思考を重ねていくその過程が問われることになる。そのために，反転学習や探究型学習，ディベート，グループ討議，ポスターセッションなどのさまざまな学習スタイルを教員は工夫する必要がある。

　今後，学習スタイルは個人で完結するもの，グループやクラス全体で取り組むものなどどんどん変化していくだろう。机や椅子などの設備備品もそれに合わせて自由に変化するものがよい。そのため容易に移動でき，さまざまに組み合わせることができる机や児童生徒にも持ち運びやすい椅子など，机や椅子の材質やその機能・形状にも配慮が必要である。また，グループワークやミーティング，探究を進めるための道具としてタブレット端末，小型のホワイトボード，可動式ホワイトボード，発表用に電子黒板，大型ディスプレイや実物投影機，短焦点プロジェクターなども必要になるだろう。

　しかし，肝心なのは学習の形ではなく学習の内容が深まっていくことである。そのためにブレインストーミングや情報の整理のための「思考ツール」のワークシート，情報カードなどの道具がいつでも使えるように準備してあるとよい。

（2）自分と向き合う安心できる空間

　社会性，公共性は人が共に暮らしていくために大切なものである。しかし，他者との関係性を結ぶ前の段階で自己と向き合い，自己を認めることが，長い人生を生きていくために重要なのは言うまでもない。児童生徒は，自分と向き合っていくための大事な準備をこの時期にしている。自分自身と向き合い，自身を確かなものとして育てていく作業である。学校図書館はこのような準備を支援する場所でもある。そのために，学校図書館がひとりで来ても大丈夫と思える安心できる空間であるかどうか，確認する必要がある。視点として，廊下から図書館の内側の楽しそうな様子がうかがえるかどうかも大切である。内側がまったく見えない扉を開けて入るのは，その場に慣れた児童生徒でないと勇気がいる。図書館の気配が廊下に穏やかに伝わるとよい。また，逆に内側が見えすぎる場所というのはいつも誰かに見られている気分がして

落ち着かないものである。見えすぎの場合は，ポスターを貼るなどの方法で目隠しをすることもできるだろうが，見えるということは外へのアピールができるという面も持つわけだから，単なる目隠しと考えないで工夫したいものである。

　学齢が低い場合は，一人で読むよりも一冊の本を何人かで楽しみたいこともある。コミュニケーションツールとしての本の役割でもある。そのために，頭を寄せ合い本を見ることができるようなくつろぐスペースも必要である。そして，学齢が上がり，思春期を迎える児童生徒のためには，自分と向き合える場所をつくる必要がある。一人で安心できるスペースは，書架の横や物陰に椅子を一つ置くだけで効果のある場合もある。それは，読書という行為がきわめて個人的な行為だからである。一人で来館しても，安心してプライベート・エリアを確保して読書，思索をめぐらすことができる。そのような環境も学校図書館には必要である。

（3）多様性を包括する空間

　民主主義社会を支える一員である児童生徒はやがて社会に出ていく。児童生徒の時期は，その準備段階であるといえる。また，学校は社会の縮図である。学校図書館という場は，児童生徒と教職員の全てが利用する場所である。学年を越えてパブリック・スペース（公共空間）として，互いを尊重しあいながら誰もが居心地よく過ごせることが必要である。

　障害者差別解消法の施行やインクルーシブ教育の観点から，障害のある児童生徒や合理的配慮を必要とする児童生徒たちに対して環境を整えていくことは当然である。書架の間は車イスが通れる幅になっているのだろうか？　車椅子を転回する場所はあるのか？　サイン表示の文字は，装飾的でなく分かりやすい字体なのか，色覚的にはどうなのか？　些細なことが資料・情報への児童生徒のアクセスを困難にし，探している本にまでたどり着けないでいるかもしれない。ユニバーサルデザインの観点から考えると，たくさんのことが見えてくる。これは，必ずしも一部特定の児童生徒だけのためのものではない。障害のある児童生徒や合理的配慮を必要とする児童生徒たちが使いやすく安全に感じる空間は，その他の児童生徒にも必ず使いやすい空間になる。

ステップアップ表

	ステップ1 ▶	ステップ2 ▶	ステップ3
学校図書館の環境デザイン	□児童生徒が安心して過ごすことができる空間がある	□多様な学習スタイルに対応して机や椅子やICT備品等が自在に使える	□障害の有無にかかわらず，どの児童生徒も同様に学習できる環境が整備されている

【参考文献】

○河西由美子 (2015)「デジタルコンテンツと学校図書館」『学校図書館』773　pp.16-18　全国学校図書館協議会

○塩谷京子 (2016)「情報リテラシー育成のための学校図書館における学習環境デザインに関する研究」〈https://kuir.jm.kansai-u.ac.jp/dspace/bitstream/10112/10836/1/KU-0010-20160331-03.pdf〉2018年3月15日アクセス

○全国学校図書館協議会 (1990)「学校図書館施設基準」〈http://www.j-sla.or.jp/material/kijun/post-38.html〉2018年3月15日アクセス

○デューイ著, 宮原誠一訳 (1957)『学校と社会』岩波書店

○堀川照代 (2013)「情報活用能力の育成と学校図書館」『学校図書館』750　pp.14—17

○文部科学省 (2016)「小学校施設整備指針」〈http://www.mext.go.jp/component/b_menu/shingi/toushin/__icsFiles/afieldfile/2016/03/25/1368763_04.pdf〉2018年3月15日アクセス

○文部科学省 (2016)「中学校施設整備指針」〈http://www.mext.go.jp/component/b_menu/shingi/toushin/__icsFiles/afieldfile/2016/03/25/1368763_06.pdf〉2018年3月15日アクセス

○文部科学省 (2016)「高等学校施設整備指針」〈http://www.mext.go.jp/component/b_menu/shingi/toushin/__icsFiles/afieldfile/2016/03/25/1368763_08.pdf〉2018年3月15日アクセス

○文部科学省 (2016)「特別支援学校施設整備指針」〈http://www.mext.go.jp/component/b_menu/shingi/toushin/__icsFiles/afieldfile/2016/03/25/1368763_10.pdf〉2018年3月15日アクセス

○文部科学省　中央教育審議会 (2001)「新しい時代に対応した学校図書館の施設・環境づくり (手引書) 概要」〈http://www.mext.go.jp/b_menu/shingi/chukyo/chukyo6/gijiroku/attach/1377512.htm〉2018年3月15日アクセス

○文部科学省　中央教育審議会 (2016)「幼稚園、小学校、中学校、高等学校及び特別支援学校の学習指導要領等の改善及び必要な方策等について」〈http://www.mext.go.jp/b_menu/shingi/chukyo/chukyo0/toushin/1380731.htm〉2018年3月15日アクセス

8章 学校図書館の評価

8.1　学校評価と学校図書館活動評価
8.2　学校図書館活動評価の目的と方法

8.1 学校評価と学校図書館活動評価

キーワード：

学校経営，経営資源，経営サイクル，学校評価，自己評価，学校図書館評価，学校図書館経営，計画づくり，図書館づくり，授業づくり，組織づくり

（1）学校経営と評価

　1990 年代中頃になると，地域や学校や子どもたちの実態に応じて，創意工夫を生かし児童生徒の主体的学びを積極的に進めるための「特色ある学校づくり」が学校に求められるようになった。それに伴い学校の自主性・自立性の確立が重視されるようになり，校長がリーダーシップを発揮してどのように学校経営を行っていくかが重要になっていく。学校経営とは，学校の経営方針に基づいて教育課程と教育組織を編成し，学校の経営資源（人，物，金，情報）を計画（P）・実施（D）・評価（C）・改善（A）の過程（経営サイクル）に即して利用し，必要な教育条件の整備を効果的・効率的に行う活動である。2000 年代に入ると，こうした経営サイクルの中でも比較的制度化が遅れている学校評価制度の整備が進められていく。2007 年には学校教育法が改正され，第 42 条「学校評価」の条文が盛り込まれた。そして 2008 年にはこうした学校評価を各学校で実施するために『学校評価ガイドライン』[1] が策定され，その後何度か改訂されていく。しかし，このガイドラインの「自己評価」の評価項目・指標の参考事例には，学校図書館活動の評価に関する項目として「学校図書館の計画的利用，読書活動の推進の取組状況」，「図書の整備の状況」が見られるが，それだけで充分とはいえない。そのため，学校図書館担当者には，学校評価の中に学校図書館の評価をしっかりと盛り込むよう校長等に積極的に働きかけていくことが大切になる。

（2）学校図書館活動と評価

　一方，こうした学校教育の動向を受けて学校図書館においても，これまでの "勘と経験に頼った学校図書館運営" から脱却し，学校図書館を計画的に利用しその機能の活用を図る，すなわち学校図書館経営へと転換していくことが求められている。こうした転換は，児童生徒の学習支援を重視する現在の学校図書館には不可欠なことでもある。先述の学校経営の観点から学校図書館経営を捉えると，それは学校図書館の運営方針に基づいて，職員・資料・施設（学校図書館の 3 要素）からなる図書館の経営資源を PDCA の経営サイクルに従って効果的・効率的に利用し，学校図書館の目的である "学校の教育課程の展開に寄与" し，"児童又は生徒の健全な教養を育成" する活動であるといえる。したがって，学校図書館経営においても，学校図

書館活動をどのように評価するかは重要な課題となる。こうした評価の対象となる学校図書館活動は，学校図書館の経営計画等を立案する「計画づくり」，図書館の間接的支援，直接的支援等を行う「図書館づくり」，利用指導や読書指導，図書委員会指導等を行う「授業づくり」，学校図書館担当者の役割分担，組織構成，研修等を行う「組織づくり」の４領域（図８－１）としてその全体像を捉えることができる。

しかし，こうした全体像を考えるうえで留意しなければならない点は，今後求められる学校図書館は各学校の中で孤立して活動する学校図書館ではなく，地域の公共図書館や他の学校図書館と連携協力しながら学校図書館活動を展開していく学校図書館であるという点である。したがって，学校図書館活動評価においても校外の組織との連携協力についてしっかりと評価していく視点が必要である。

こうした，学校図書館活動評価の過程は，概ね①評価方針の決定，②評価計画（目的・方法・内容）の策定，③評価の実施と測定，④評価結果の分析と課題の明確化，⑤評価結果の周知，⑥改善計画の策定の局面からなる。このように評価の過程には，評価の実施の過程だけでなく，評価結果の周知と改善計画の策定までが含まれてくる。したがって，学校図書館活動評価計画策定においては，学校図書館活動の領域と評価過程を充分考慮して，評価の方針，目的，方法，内容，広報について計画的・組織的に検討していくことが求められる。

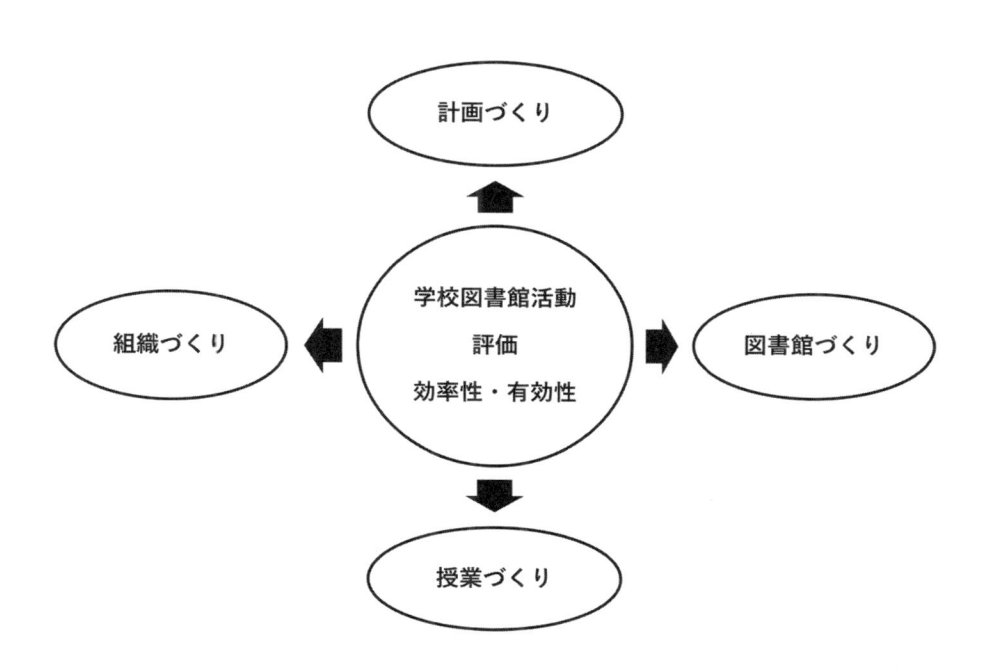

図８－１　組織づくりの４領域

8.2 学校図書館活動評価の目的と方法

キーワード：

学校図書館活動評価，学校図書館経営，目標の達成度，学校評価，自己評価，外部評価，評価指標，実態調査，各種統計，ルーブリック，学校図書館評価基準

（1）学校図書館活動評価の目的

　学校図書館活動評価の目的は，一般的に学校図書館経営の目標の達成度を明らかにすること，学校図書館経営の問題点を明らかにすること，学校図書館の施設整備・活動の水準を明らかにすること，学校図書館担当者の意思決定や経営計画の根拠となるデータを得ること等があげられる。実際には，これらの目的の他に学校図書館の設置校の状況や周辺地域の特色から生じる目的が加わってくることになる。「学校図書館ガイドライン」では，評価の実施主体について「校長は学校図書館の館長として，学校図書館の評価を学校評価の一環として組織的に行い，評価結果に基づき，運営の改善を図るよう努めることが望ましい」とされ，評価の実施において，校長の学校評価と学校図書館活動評価を有機的に関連付ける役割や積極的な関与の重要性があげられている。学校図書館担当者は，校長や他の教職員とも連携協力して，学校図書館活動評価を実施していく必要があるといえる。

（2）学校図書館活動評価の方法

　評価の方法には，評価の実施者によって学校に所属する教職員自身が行う「自己評価」と学校関係者や学校外の専門家が行う「外部評価」，また評価に用いるデータの種類によって「量的評価」と「質的評価」に大きく分けることができる。これらの組み合わせによってさまざまな評価が行われる。例えば，自己評価では担当者本人が評価を実施・分析するので，随時実施してその評価結果を業務内容の改善に素早く反映させることができるが，評価結果の分析が主観的になり易く，客観的な評価が難しくなる。また，外部評価では評価の実施者の専門的知識を生かした客観的で深い分析が可能になるが，評価の実施に多くの準備が必要になり，随時実施することや現場の特性を考慮した評価項目を取り入れることが難しくなる。

　これらの評価方法を用いて評価を実施するには，学校図書館活動の状況を測定し，それを判断するための目安が必要になる。学校図書館活動の状況は，①費用や作業などの経営資源をどの程度投入したか，②物やサービスをどの程度産出したか，③利用者にどのような成果や貢献を提供したかという3つの局面から測定され，その結果が判断される。これらの投入（インプット），産出（アウトプット），成果・貢献（アウトカム）を評価指標という。これらの評価指標

を量的あるいは質的に詳しく測定することによって，学校図書館活動の正しい評価ができる。「学校図書館ガイドライン」では，これらの指標について，「評価に当たっては，アウトプット（学校目線の成果）・アウトカム（児童生徒目線の成果）の観点から行うことが望ましいが，それらを支える学校図書館のインプット（施設・整備，予算，人員等）の観点にも十分配慮するよう努めることが望ましい」とされている。ここでは3つの指標が具体的で分かり易く表現されているが，インプット（施設・設備，予算，人員等）－投入，アウトプット（学校目線の成果）－産出，アウトカム（児童生徒目線の成果）－成果・貢献という関係にある。そして，インプットを一定にしてアウトプットの最大化を図ることを効率性，アウトプットがアウトカムに与える影響の大きさを有効性という[2]。これらの指標を正しく測定するためには，学校図書館担当者は利用調査・読書調査等の実態調査，学校図書館の利用状況に関する各種統計，学校図書館報や委員会等の各種の記録・報告書の作成を日常的な学校図書館業務の中で実施し，正しい測定データを提供することが大変重要になる。

　なお，近年欧米では，学校図書館活動評価において児童生徒の"学習活動の過程を評価"（アセスメント）することの重要性が提唱され，「ルーブリック」，「ポートフォリオ」等の新しい評価方法も用いられるようになっている。こうした新しい評価方法についても学校図書館担当者は，今後留意していく必要があるといえる[3]。

（3）学校図書館活動評価の内容

　これまで学校図書館評価の大きな枠組みについて述べてきたが，では学校図書館評価にはどのような評価項目（内容）が必要なのだろうか。これらの評価項目は，①目的に関する評価項目の系列（使命・方針・目的・目標は適切か，またこれらを十分に達成したか），②条件に関する評価項目の系列（施設・職員・資料の管理は適切か，またこれらの配置は充分か），③活動に関する評価項目の系列（図書館活動と教育活動の運営は適切か，またその効果は充分か）に大きく整理することができる。こうした学校図書館活動評価項目の具体的な例を見てみると，古くは文部省の『学校図書館運営の手びき』(1959) の「評価基準表」に，①図書館資料，②建物・設備，③経営，④組織，⑤運営・利用，⑥図書館教育の6領域84項目があげられている[4]。また，現在の学校図書館の現場で広く使われている全国SLAの「学校図書館評価基準」(2008) には，①理念，②経営，③担当者，④メディア，⑤施設環境，⑥運営，⑦サービス，⑧指導支援，⑨協力体制，⑩地域連携，⑪ボランティア，⑫連携協力，⑬委員会，⑭研修の14領域100項目があげられている[5]。

　こうした評価項目について「学校図書館ガイドライン」では，「図書館資料の状況（蔵書冊数，蔵書構成，更新状況等），学校図書館の利活用の状況（授業での活用状況，開館状況等），児童生徒の状況（利用状況，貸出冊数，読書に対する関心・意欲・態度，学力の状況等）等について行うよう努めることが望ましい」とされている。これらの評価項目は，学校図書館活動が適

切に行われているかを評価するための最も基本的な項目と考えられる。しかし，これらの評価項目は条件や活動に関するものが多く，これらに目的に関する評価項目を加えて学校の実状に適した評価項目を作成していくことが実際には必要になる。したがって，これらの図書館資料・利活用・児童生徒の状況（基本事項）と目的，条件，活動に関する評価項目の系列から，測定可能な具体的な評価項目を構成していくことができる（図8－2）。

対象（基本事項）／系列	目的 使命・方針・目的	条件 管理と配置	活動 運営と効果
図書館資料の状況 （蔵書の冊数・構成・更新等）	対象の目的は，どのように構成（質）され，どの程度達成（量）されているか。	対象の条件は，どのように管理（質）され，どの程度配置（量）されているか。	対象の活動は，どのように運営（質）され，どの程度効果（量）があるか。
利活用の状況 （授業・開館等）			
児童生徒の状況 （利用・貸出・読書・学力等）			

図8－2　評価項目の設定

　こうした学校図書館活動の評価項目等の策定では，全国 SLA の「学校図書館憲章」（1991），「ユネスコ・国際図書館連盟共同学校図書館宣言」（1999）等の基本的資料や，近年教育委員会や公共図書館が刊行する「学校図書館ガイドブック」類等もあり，その多くはインターネット上に公開されていたりするので，参考にすることができる。特に「ユネスコ・国際図書館連盟共同学校図書館宣言」については，これ基づく「IFLA 学校図書館ガイドライン」が 2015 年に策定されている。その第 6 章「学校図書館評価と広報」には現代的な学校図書館評価の考え方が示され，「評価チェックリスト」も例示されており，英文ではあるが，評価項目策定の参考になるであろう。

（4）評価から改善・次期計画へ

　学校図書館活動評価は，PDCA サイクルに基づいて行われることによって，はじめて学校図書館経営の発展や向上に寄与することができる。「学校図書館ガイドライン」では，こうした点について「評価に当たっては，学校関係者評価の一環として外部の視点を取り入れるとともに，評価結果や評価結果を踏まえた改善の方向性などの公表に努めることが望ましい」とされている。ここで大切な点は，具体的で正確な評価結果を広く学校内外に周知し，それを踏まえた次期学校図書館活動評価計画を策定していくことである。そのためには，学校図書館担当者と他の教職員を含めた全校的な評価組織を編成することが必要である。これによって，学校図書館経営に対する教職員の理解が醸成され，学校経営における学校図書館の役割の重要性についての共通認識が学校内外に広く形成されていくものと考えられる。

【注・引用文献】

[1] 文部科学省 (2016)「学校評価ガイドライン」〈http://www.mext.go.jp/a_menu/shotou/gakko-hyoka/1295916.htm〉2018年3月10日アクセス

[2] 日本図書館情報学会研究委員会編 (2003)『図書館の経営評価：パフォーマンス指標による新たな図書館評価の可能性』pp.18-20.

[3] アメリカ・スクール・ライブラリアン協会 (AASL)，教育コミュニケーション工学協会 (AECT) 編，同志社大学学校図書館学研究会訳 (2000)『インフォメーション・パワー：学習のためのパートナーシップの構築』日本図書館協会　pp.195-206

[4] 文部省編 (1959)『学校図書館運営の手びき』明治図書出版　pp.370-383

[5] 全国学校図書館協議会 (2008)「学校図書館評価基準」〈http://www.j-sla.or.jp/material/index.html〉2018年3月10日アクセス

ステップアップ表

	ステップ1 ▶	ステップ2 ▶	ステップ3
学校図書館活動評価	□学校図書館活動評価の必要性を校長や教職員が認識している □校長は館長として学校評価の中に学校図書館活動評価を明確に位置付けている	□学校図書館活動評価の方針・目的・内容・方法を検討し評価計画を策定している □学校図書館担当者は学校図書館活動評価に基づいて適切な支援や測定をしている	□学校図書館活動評価の報告書や改善計画を作成し学校の内外に公表している □学校図書館活動評価のための全校的組織を設置している

ステップアップ表まとめ

	ステップ1	ステップ2	ステップ3
1章　学校図書館の目的・機能			
1.1 学校図書館の必要性	□学校図書館担当者が学校図書館の必要性について認識している □学校図書館担当者が学校図書館を利用している	□教職員の一部が学校図書館の必要性について認識している □教職員の一部が学校図書館を利用している	□全教職員が学校図書館の必要性について十分に認識している □全教職員が学校図書館を日常的に利活用している
1.2 読書センターとしての 学校図書館	□児童生徒が読みたい本を見つけることができる □おすすめの本を展示したり新着図書リストを作成したりしている	□授業で利用できる読書材がある □学校図書館担当者が読書推進活動を計画的に実施している	□読書指導が計画的に体系的に実施されている □読書推進活動が全校で計画的に実施されている
1.3 学習センターとしての 学校図書館	□授業で利用できる資料がある □一部の教師が授業に図書館を活用している	□授業に関連した資料が十分に入手できる □多くの授業で図書館が活用されている	□全教科で図書館活用の授業が計画的に実施されている □司書教諭や学校司書がTTとして授業に参加している
1.4 情報センターとしての 学校図書館	□情報活用能力の育成について一部の教職員が認識している □一部の教職員が図書館を活用して探究的な学習を実施している	□学校図書館活用の年間計画が作成・実施されている □一部の教職員が情報活用能力の指導をしている	□情報活用能力の指導事項体系表や年間指導計画が作成され実施されている □情報活用能力に関してカリキュラム・マネジメントが行われている
2章　学校図書館の運営			
2.1 学校経営の一環としての 学校図書館運営	□学校経営方針に学校図書館の記述がある □学校図書館担当者が学校経営の一環として図書館を運営している認識をもっている	□学校経営計画に読書推進や図書館活用が盛り込まれている □校長がリーダーシップをとって図書館経営にあたり教職員間の共有を図っている	□学校評価の中に学校図書館活用評価が含まれている □学校図書館がPDCAサイクルで運営されている
2.2 学校図書館運営の組織	□校内組織の中に学校図書館を運営する分掌・委員会がある □児童生徒が参加する図書委員会がある	□学校図書館の運営について必要な事項を定めた運営規定・マニュアルがある □図書委員が司書教諭や学校司書の指導のもとで当番や活動を行っている	□学校全体で話し合い評価する学校図書館運営委員会が設置されている □図書委員が自主的に活発な活動を行い図書館が活性化している
2.3 学校図書館の利用と広報	□学校図書館は授業日には基本的に毎日開館している □年間行事に読書週間や読書行事等が入っている	□学校図書館担当者による図書館オリエンテーションが実施されている □図書館の広報活動として図書館だよりや新着案内などが発行されている	□学校図書館主催の広報活動や行事・イベント等が積極的に実施されている □学校のホームページ等，学校図書館広報に多様なメディアを用いている

	ステップ1	ステップ2	ステップ3
2.4 他校図書館や 他機関との連携	□学校図書館担当者が地域の公共図書館の学校支援サービスについて知っている	□公共図書館の団体貸出などのサービスを利用している □授業として児童生徒が「図書館訪問」などを行っている	□地域の公共図書館や学校図書館間における連絡会等がある □地域の公共図書館や学校図書館のネットワークが構築され相互貸借などが行われている

3章　学校図書館の利活用

	ステップ1	ステップ2	ステップ3
3.1 自発的・主体的な学びや 創造的な活動の場	□児童生徒の自由な読書や学びができる環境が整っている □図書館ガイダンス（オリエンテーションや利用指導）を年度初頭に実施している	□児童生徒や教職員の多様な利用目的に対応する環境が整っている □図書館ガイダンス（オリエンテーションや利用指導）を必要に応じて実施している	□多様な利用目的に対応してレファレンスサービスやリクエストサービスなどを行っている □図書館ガイダンス（オリエンテーションや利用指導）が計画的に実施されている
3.2 資料提供による学習／ 教育支援	□教師の依頼に応じて自校にある資料を提供している	□年間指導計画をもとに資料を準備し教師に図書館活用を働きかける □相互貸借等を利用して必要な資料を揃える	□授業で必要な資料を教師に事前に打ち合わせる □必要に応じて二次資料を作成する
3.3 教科等学習における 学校図書館の利活用	□学校図書館を利活用した授業が行われている	□学校図書館を利活用した授業が計画的に行われている □教師が自発的に教科横断的な授業を実施している	□学校全体で計画的・体系的に学校図書館が利活用されている □計画的に教科横断的授業が実施されている
3.4 段階的な情報活用能力の 育成	□情報活用能力の育成の必要性が認識される □さまざまな情報スキルがあることが認識される	□情報活用の指導体系表や年間指導計画が作成される	□指導体系表にそって教科横断的に情報活用能力が育成される □児童生徒が生活において課題解決プロセスを活用できる
3.5 教員への支援	□教師のニーズに応じて資料・情報を提供する	□教師の授業目的を確認した上で司書教諭や学校司書がTTとして授業に参加する	□教師の教材作成や授業全般に司書教諭や学校司書が協力・参画する

4章　学校図書館に携わる教職員等

	ステップ1	ステップ2	ステップ3
4.1 校長のリーダーシップ	□管理職を含めた学校図書館運営委員会が組織されている □司書教諭の発令が学校全体に周知されている	□学校図書館活用が学校経営方針の重点項目にあげられ全教職員に周知されている □司書教諭が職務を果たすための校務分掌上の配慮がある	□学校図書館活用が学校経営方針の重点項目にあげられ保護者や地域にも広報されている □司書教諭が職務を果たすための時間が確保されている

	ステップ1	ステップ2	ステップ3
4.2 全教職員との協働	□学校図書館全体計画がある □全教職員が学校図書館活用の意義を理解し授業等で活用している	□学校図書館全体計画に基づいた職務分担や協働を示した表がある □学級経営案や各教科ごとの年間指導計画に学校図書館の活用が明記され指導が行われている	□職員会議で学校図書館活用に関わる提案があり共通理解を図っている □学校図書館を活用した授業を参観日で公開したり研究授業を行ったりしている
4.3. 司書教諭の役割	□学校図書館全体計画や運営計画等を作成している □学校図書館運営や活動の記録をとっている	□各教科等の年間指導計画に学校図書館活用を明記するように働きかける □各種研修会に参加し職員会議等で報告している	□授業研究に参画したり校内研修を行ったりしている □次年度への展望をもち，計画類を修正している
4.4 学校司書の役割	□学校図書館の環境や資料の整備をする □図書館にやってくる児童生徒に対応する □業務日誌を作成し利用統計をとる	□図書館ガイダンス（利用指導）を行う □さまざまな読書推進活動を行う □さまざまな学習支援活動を行う	□司書教諭と連携してさまざまな教育支援を行う

5章　学校図書館における図書館資料

	ステップ1	ステップ2	ステップ3
5.1 図書館資料の 種類と特性	□多様な印刷資料（図書，雑誌，新聞）を整備し日常的に提供する	□印刷資料・電子資料を整備しニーズに応じて提供する	□読字の困難な児童生徒にも利用できる資料を備える
5.2 図書館資料の 選定	□必要に応じてその都度資料を選定する □「学校図書館図書標準」を達成するように努めている	□選定基準を明文化している □教育課程と関連を図り，資料を選定・収集する	□選定基準を教職員に周知している □児童生徒の学習成果物，各教師作成の指導案などを収集している
5.3 図書館資料の 整理・配架	□資料を分類し分かりやすく配架する □館内案内図を作成する	□児童生徒が自ら資料にアクセスできるように工夫する □棚見出しを多く作る	□児童生徒の知的好奇心を刺激するような展示や掲示をする □ポップを作成する
5.4 図書館資料の 評価・廃棄・更新	□廃棄基準が共通認識されている □傷んだ本を廃棄する	□廃棄基準が明文化されている □内容の古い本を廃棄し適宜更新している	□廃棄基準を教職員に周知している □計画的に蔵書を評価し廃棄し更新している
5.5 学習／教育に 役立つ資料の作成	□教科別資料リストを作成している □ファイル資料を作成している	□パスファインダーを作成している □学習に役立つサイトのリンク集を作成している	□索引等の二次資料を作成している □教師の授業研究のためのサイトのリンク集を作成している

	ステップ1	ステップ2	ステップ3
6章　特別支援学校の図書館			
6.1 学校図書館の運営	□学校図書館が設置され，運営の担当者が明確になっている □学校図書館の運営に関する各種の計画が作成されている	□学校図書館の必要性について担当者以外の教職員が認識している □学校図書館の運営にあたって担当者以外の教職員の協力が得られている	□学校図書館の運営にあたって必要に応じてボランティアの協力が得られている □学校図書館の運営にあたって必要に応じて公共図書館等との連携が図られている
6.2 多様なニーズに応える 図書館資料の充実	□学校図書館として，児童生徒の障害の状態や特性及び発達の程度等に応じた図書館資料の種類を把握している	□学校図書館として，児童生徒の障害の状態や特性及び発達の程度等に応じた図書等のうち市販のものを選択・収集し提供している	□児童生徒の障害の状態や特性及び発達の程度等に応じた図書館資料を公共図書館等との連携により借り受けて提供している □児童生徒の障害の状態や特性及び発達の程度等に応じた図書館資料をボランティアの協力のもとに製作し提供している
6.3 学校図書館の利活用	□学校図書館の利活用に関する各種の計画はなく，利活用は教職員に一任されている □教職員の一部が学校図書館を利活用している	□教育課程に基づき学校図書館の利活用に関する各種の計画を作成している □教職員の利活用を促す校内研修や情報発信，相談等に取組んでいる	□各種の計画にしたがい，全教職員が学校図書館を利活用している
7章　学校図書館の施設			
7.1 学校図書館と 施設整備指針	□読書センターとしての機能が果たせるように整備されている □十分な広さの空間がある	□学習センターとしての機能が果たせるように整備されている □2学級が同時に図書館で授業ができる	□情報センターとしての機能が果たせるように整備されている □教職員のための資料と空間が用意されている
7.2 学校図書館の 環境デザイン	□児童生徒が安心して過ごすことができる空間がある	□多様な学習スタイルに対応して机や椅子やICT備品等が自在に使える	□障害の有無にかかわらず，どの児童生徒も同様に学習できる環境が整備されている
8章　学校図書館の評価			
8.1 学校図書館活動評価	□学校図書館活動評価の必要性を校長や教職員が認識している □校長は館長として学校評価の中に学校図書館活動評価を明確に位置付けている	□学校図書館活動評価の方針・目的・内容・方法を検討し評価計画を策定している □学校図書館担当者は学校図書館活動評価に基づいて適切な支援や測定をしている	□学校図書館活動評価の報告書や改善計画を作成し学校の内外に公表している □学校図書館活動評価のための全校的組織を設置している

資　　料

掲載資料一覧

学校図書館経営方針（長野県茅野市立長峰中学校）
　「平成 30 年度　長峰中学校図書館経営方針」

学校図書館指導計画等（鳥取県教育委員会 鳥取県立図書館 学校図書館支援センター）
　「学校図書館の年間活動計画・指導計画の立て方」
　「学校図書館を活用することで身に付けたい情報活用能力」
　（『つなげる・ひろげる・そだてる学校図書館：学校図書館活用ハンドブック』（鳥取県教育委員会　鳥取
　　県立図書館　学校図書館支援センター））

カリキュラム・マネジメント（静岡県沼津市立静浦小中一貫学校）
　「学校図書館とカリキュラム・マネジメント」

学校図書館担当者の研修等（東京都荒川区教育委員会）
　「学校図書館担当者向け研修会の意義」
　「平成 29 年度 司書教諭（学校図書館担当者）学校司書研修会　荒川区教育委員会指導室」
　「学校図書館を活用した情報教育にかかわる年間指導計画の例」（『荒川区学校図書館活用方針』平成 29
　　年 3 月改訂（荒川区教育委員会））

学校評価書（山形県立山形東高等学校）
　「平成 29 年度　山形県立山形東高等学校　学校評価書（自己評価・学校関係者）」

学校図書館評価表（千葉県市川市教育委員会 教育センター）
　「市川市版　学校図書館チェックリスト」

学校図書館評価表（千葉県教育委員会）
　「学校図書館自己評価表（ベーシックシート・トライアルシート）」

学び方指導体系表等（島根県松江市教育委員会 学校図書館支援センター）
　「『学び方指導体系表』〜子どもたちの情報リテラシーを育てる〜」
　「学校図書館活用教育に関わる教職員、ボランティアの協働・分担表（例）」
　「司書教諭の活動時間への校務分掌上の配慮について（お願い）」
　「平成 30 年度学校図書館運営説明会　参加者報告書」
　「H 30 年度版　学校司書業務報告書」

予算要求のフロー等（文部科学省）
　「予算要求のフロー」（『みんなで使おう！学校図書館』（文部科学省））
　「学校図書館図書整備等 5 か年計画　計画の策定に伴う地方財政措置」（『学校図書館をもっと身近で使い
　　やすく』（文部科学省））

学校図書館経営方針（長野県茅野市立長峰中学校）

　長野県茅野市では学校図書館経営計画を年度初頭に教育委員会へ提出しており，教育委員会ではそれを冊子にまとめる。これは茅野市立長峰中学校の学校図書館経営方針である。

平成30年度　長峰中学校図書館経営方針

茅野市立長峰中学校学校図書館長　名取秀樹
茅野市立長峰中学校学校図書館運営委員会
茅野市立長峰中学校学校図書選定委員会

1　茅野市教育基本目標

> ○　たくましく　やさしい　夢のある子どもの育成

2　長峰中学校学校教育目標と３０年度の重点活動

＜学校教育目標＞

> ○　開拓精神　―　「かかわる力」「繋がる力」「切り拓く力」の育成

＜３０年度の重点＞

> 1　日常生活のさらなる向上
> 　　　～　友達同士の挨拶　清掃，服装，時刻厳守　～
> 2　認め合い，支え合う集団づくり
> 　　　～　学級，学年，部活動を通して　～
> 3　「教わる」から「自ら学び，学び合う」学習への転換
> 　　　～　言語活動の充実を基盤に　～
> 4　地域とのかかわりを大切にした体験的学習の充実
> 　　　～　社会への関心の深まり　～

3　学校図書館経営方針

　はじめに　…　　斉藤孝著「読書力」（岩波新書-2002年）より

（1）読書の重要性

> 高い読書力が日本において倫理観や人間理解力の養成を下支えしていたとすると，現在の倫理観の低下といわれる現象は，読書力の低下と関係づけて考えられるのではないだろうか。現実的に言って，内容のある本をたくさん読んでいる人間は，ある程度の知性があると想定し得る。その知性の中には，物事に対する判断力や向学心，広い意味での倫理観といったものが含まれる。本を大量に読めば自己形成が全て保証されるというわけではもちろんない。しかし，本から学び，そこからコミュニケーションが発展していく意味はとても大きい。

（2）読書の持つ価値

> ○　自分をつくる読書　　～　自己形成としての読書　～
> ○　自分を鍛える読書　　～　「技」としての読書　～
> ○　自分を広げる読書　　～　コミュニケーション力の基礎　～

（3）読書の中核としての「学校図書館経営方針」

> 1　生徒の読書に対する意欲を一層喚起し，「豊かな心情」と「幅広い知識」を身に付けられる図書館とする。
> 2　「生徒の自ら学ぶ姿」を具現する場の一つとして資料環境を整備し，課題解決のための「利用態度」や「資料活用の力」を増進する図書館とする。
> 3　「学校図書館運営委員会」と「学校図書選書委員会」を設置し，（1）（2）に示した目的が達成できるよう，開かれた経営を大切にする図書館とする。

4　学校図書館経営の具体的な方向

学校図書館を、『子どもたちの知情意をはぐくむ中核的拠点』として位置づける

> 1　子どもの読書に対する意欲を一層喚起し，「豊かな心情」と「幅広い知識」を身に付けられる図書館とする。
> 2　「生徒の自ら学ぶ姿」を具現する場の一つとして資料環境を整備し，課題解決のための「利用態度」や「資料活用の力」を増進する図書館とする。

（1）生きる力の基礎となる読書力の育成

> ①全教科を通した言語活動の充実　②授業を通した読書教育の充実
> ③朝読書の質的向上　④読書の習慣化をめざした取り組みの充実
> ⑤個々の子どもに応じた読書相談の充実　⑥図書館と学級文庫との連携

〔具体的な取り組み〕
○国語の時間の群読や朝の時間を利用した詩の音読、各教科での話し合い活動などの取り組みに力を入れる。
○音読によるペア読書・グループ読書を実施し、一人読みの充実に結びつける。
○家庭読書の折に、親子のペア読書の実施を推奨し、読書の習慣化を図ると共に、読む力を育成する。
○家庭読書の日の「カード」を作成し、一年間の「我が家の家庭読書」の目当てを明確にし、生徒一人ひとりの読書のあゆみが残るよう記録していく。
○図書館を活用し、貸し借りのPC操作は(教科)担任が行い、生徒の本の選書の折の相談は、図書館司書が行う。

（2）図書館を活用した授業の実践

> ①図書館を利活用した授業の公開　～　豊かな学び合いの一環として
> ②資料・情報活用能力育成のための調べ学習の推進
> ③個々の子どもに応じた調べ学習相談の充実
> ④教科学習と関連した本の定期的な紹介
> ⑤学級担任と図書館教育係（司書教諭・図書館司書）との連携

〔具体的な取り組み〕
○年度当初に司書教諭が調べ学習の職員研修を行い、職員同士の共通の知識認識の共有を図り、学校全体として取り組めるようにする。
○「調べ学習」を夏休みの課題の一つに取り上げ、夏休み前の時間に司書教諭と学校司書が個別に相談にのる。優秀作品の展示も行い、具体的な理解をしていただく。更に、夏休み中に生徒や保護者に対する相談日も設ける。
○授業で活用できる資料・図書の整備を行う。
○図書館を活用した授業の積極的な実践を積み重ねる。

（3）図書館教育推進のため家庭・地域との連携

> ①読書の必要性についての啓発　②読書ボランティア（長峰丸）との連携・コーディネイト
> ③市図書館・他校との連携　④読み聞かせ講習会の企画・開催
> ⑤読書ボランティアの組織の拡大　⑥学校だよりや図書館だよりを通した家庭・地域への啓発

〔具体的な取り組み〕
○「学校図書館年間利用指導計画」を生かして、活用を図っていきたい。
○児童が授業において作成した資料の集積整理を行い、次年度以降に活用できるよう図書館内に資料コーナーを設置する。

（4）図書館活用のための組織づくり

> ①図書館運営委員会の設置〈読書教育の推進、図書館の利活用の推進、読書環境整備〉
> ②資料整備委員会の設置〈メディア選定と整備〉
> ③図書選書委員会の設置

〔具体的な取り組み〕
○図書だよりを通して、朝読書や図書館の時間の様子を伝える。
○読書ボランティアの募集を行い、家庭や地域との関わりを深めていく。

○必要図書の相互貸借を積極的に行う。
○読書旬間や学校行事を通して、地域の方々との交流を行なっていきたい。

【学校図書館経営の組織図】

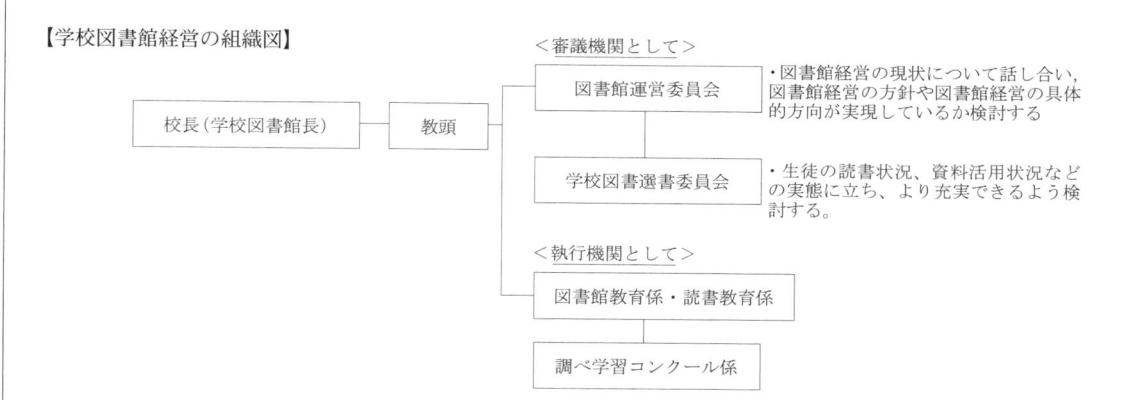

5　各学年の具体的目標

	1年	2年	3年
心情・感性を育て人間形成に係わる読書の側面から	・読み物に興味を持ち，楽しんで読書をしようとする態度を育てる。	・いろいろな読み物に興味を持ち，幅広く読書をし生き方を考えようとする態度を育てる。	・適切な読み物を選び，読書を通して考えを広めたり深めたりして，生き方を問おうとする態度を育てる。
「自ら学ぶ力」に繋がる資料活用力を育てる側面から	・進んで学校図書館を利用する態度を培い，楽しく資料や情報を集め活用できるようにする。	・積極的に学校図書館を利用する態度を培い，資料や情報を適切に活用し，課題の解決に向けて学習できるようにする。	・課題解決のために積極的に図書館を利用する態度を培い，目的に応じた資料や情報を適切に取捨選択し，それらを用いて課題を解決できるようにする。

	図書館利活用における願う姿と支援
1年	・読み物に興味を持ち，楽しんで読書をしようとする。 ◇進んで学校図書館を利用する態度を培い，楽しく資料や情報を集め活用できるようにしたい。
2年	・いろいろな読み物に興味を持ち，幅広く読書をし生き方を考えようとする。 ◇積極的に学校図書館を利用する態度を培い，資料や情報を適切に活用し，課題の解決に向けて学習できるようにしたい。
3年	・適切な読み物を選び，読書を通して考えを広めたり深めたりして，生き方を問おうとする。 ◇課題解決のために積極的に図書館を利用し，目的に応じた資料や情報を適切に取捨選択し，それらを用いて課題を解決できるようにしたい。

6　その他

（1）学校図書館運営委員会と学校図書選書委員会は，年度当初に初回を開催し，その後については必要に応じ随時開催するものとする。

（2）学校図書選書委員会は，購入図書の原案を検討する小委員会（読書教育主任と司書を中心としたメンバー）を必要に応じて開催する。

（3）長峰中学園区の「読書教育」委員会が母体となり、各学校・学年・学級の読書活動への取組の様子を共有していく。（教科学習への活用、読書に親しませる工夫、多様性を広げる工夫、教育の質を高める工夫、教師の姿勢等から）

（4）重点教科研究等の中で「教科指導、学習活動」と「図書館利用」について、学校としての方向を協議する。

（5）調べ学習に力を入れ、各教科における調べ学習の充実と、夏休みの課題で調べ学習を取り入れ、保護者の協力も得ながら更に推進していく。

（6）調べ学習や読書指導の授業実践を行い、指導経過の記録を集積し、互いに共有活用できるようにしていく。

出典：「平成30年度　長峰中学校図書館経営方針」（長野県・茅野市立長峰中学校）

学校図書館指導計画等(鳥取県教育委員会 鳥取県立図書館 学校図書館支援センター)

　鳥取県では県立図書館内に設けられた学校図書館支援センターが中心となり，「学校図書館ビジョン」を策定し，『つなげる・ひろげる・そだてる学校図書館：学校図書館ハンドブック』（鳥取県教育委員会　2016.3）を刊行した。以下はハンドブックに掲載されている「特別支援学校の年間指導計画一部抜粋」，「図書館教育全体計画（中学校）」，「図書館活用計画　一部抜粋（小学校）」，「図書館活用による『学び方指導』の内容体系表（小学校）」，「学校図書館を利用することで身に付けたい情報活用能力」である。

学校図書館の年間活動計画・指導計画の立て方

【特別支援学校の年間指導計画　一部抜粋】

H 27 年度　図書館活用年間計画

1年	4月	5月	6月	7月	8・9月	10月
国語	図書室オリ、話手紙の書き方（時候の挨拶）	辞書の使い方（国語・漢和辞典）	読み取り（新聞、雑誌）情報誌の活用	はがきの書き方（暑中見舞い）	マナー（挨拶、言葉遣い、敬語）	手紙の書き方
数学						小遣い帳（家計簿）
理科	人の身体のつくりについて（身体各部名称、呼吸の仕組み）				人の身体のつくりについて（肺、消化、血液循環、骨と筋肉）	
美術	造形に関する本（技法についての本、観賞用の作品集、デッサンの仕方、水彩画の書き方、飛び出すクリスマ					
家庭	手縫いの基本について、小物づくり（アームカバー、ペットボトルホルダー）	栄養素の働き　栄養所要量、調理器具の使い方、食育　調理の基礎　9月：高齢者				洗濯、アイロンがけ、品質表示
職業					マナーについて	
音楽	CD，DVD（クラシック，J-POP，日本伝統の音楽，ミュージカル，アニメ，ダンスミュージック）					
外国語	英語の本（ゲーム，簡単な英会話，物語，外国の行事についての本），英語の DVD、CD、英和辞典、和英					
情報	エクセル、ワードの説明書の本など、デジタルカメラの使い方					
保体	保健・生活習慣（病）に関する本、性教育に関する本（通年）					
自立	1～3年（通年）コミュニケーションゲームに関する本					
総合	調べ学習で、図書館の本を利用					
2年	4月	5月	6月	7月	8・9月	10月
国語	作文の書き方	マナー（敬語）情報誌（新聞）の活用	辞書の使い方	はがきの書き方（暑中見舞い）図書室利用	マナー（敬語）	手紙の書き方
数学	時間と時刻の本（4～7月）				小遣い帳のつけ方	
社会	鳥取県のこと（東部、中部、西部）について				日本の歴史について	
美術	造形に関する本（技法についての本、観賞用の作品集、デッサンの仕方、水彩画の書き方）、鳥取県の伝統工					

出典：『つなげる・ひろげる・そだてる学校図書館：学校図書館活用ハンドブック』（鳥取県教育委員会）

【図書館教育全体計画（中学校）】

平成 27 年度　図書館教育全体計画

学校教育目標

人権尊重の精神と確かな学力を有し、明朗快活で心身共に健康な生徒を育成する。

関連法規など
○学習指導要領
○学校図書館法

よりどころとする考え方
○中央教育審議会答申
○子どもの読書サポーターズ会議報告書
○鳥取県教育振興基本計画
○南部町子どもの読書活動推進計画

生徒の実態
○貸出冊数の増加や貸出利用率が示すように、読書や図書館が好きな生徒は少なくない。
○よく読む生徒がいる反面、全く読まない（読めない）生徒もおり、差が大きい。
○調べ学習や授業で図書館を利用する機会はあるが調べ方、レポートの書き方などの力が弱い。

図書館教育目標

【めざす図書館の姿】
・生徒と先生の学習活動を支える学校図書館
　→探究的な学びを育てる学習・情報センターとしての役割
・生きぬく力や豊かな人間性を育む学校図書館
　→想像力を育み、豊かな心情と幅広い知識を身につける読書センターとしての役割

【めざす生徒の姿】
・分からないことがあったら図書館へ行く生徒
　→すすんで読み、調べる力の育成
　→目的に応じた得た情報を適切に活用し、発信する力の育成
・自ら本を手に取る生徒
　→言語に関する能力の育成
　→生涯にわたって読書を楽しむ力の育成

図書館教育の重点

情報リテラシー力の育成

○情報リテラシーに関する教材研究資料の支援
○授業に必要な資料、資料リスト、パスファインダーなどの準備
○各教科、総合的な学習の時間での指導
○司書教諭、学校図書館司書による授業サポート（T2、T3 として）
○調べ学習のスキルアップ支援
　→情報のテーマ設定・レポートのまとめ方指導
○自主学習の支援

※情報リテラシー力

図書館資料の充実

○資料の質の向上
　→収集・保存・除籍などによるコレクションマネジメント
○公共図書館、学校図書館との相互貸借
○県立図書館を始め、県内の図書館との相互貸借
○授業に役立つ資料収集・資料提案
　→教材研究用資料（教職員）授業活用資料（生徒）
○新聞の設置（朝日中高生新聞）
○生徒作品（レポート、新聞など）の収集、展示

読書意欲を高める環境づくり

図書館の整備
○季節の飾りつけ
○行事、季節に応じたおすすめ図書コーナー設置
本に向かうきっかけづくり
○図書委員会による企画
○南部町司書によるおすすめ本リスト作成
○南中「おすすめ BOOK リスト」100 冊作成および活用・表彰
○各教科での指導
○朝読書支援
○図書館だよりの発行
○新刊案内の発行

具体的な取り組み

各教科・領域

○図書館・図書館資料を活用した授業を実践する。
○情報活用力の育成を見越した授業を展開する。
○情報教育と連携した授業実践と資料の一元化をすすめる。
○教科・領域に関する本の紹介を行う。
○司書による読み聞かせブックトークを有効に利用

特別活動

○図書館委員会を中心に、自発的・自主的に図書館を運営し読書活動推進を展開する。
○特別活動の各場面において、積極的に図書館を利用する。
　・学校行事　　　　・生徒会活動
　・部活動　　　　　・朝読書など
○読書週間行事、南部町読書まつりなどへの積極的

総合的な学習

○課題の解決、探究に主体的に取り組む力を育てる。
○課題にそった資料を収集・選択・活用し、付加価値をつけて発信する力を身に着けさせる。

道徳

○資料を通して、様々な生き方や考え方に接する中で、自分を深め、道徳的心情を培う。

地域との連携

○南部町司書教諭・学校図書館司書研修会参加。
○南部町学校図書館・司書連絡会参加。
○公共図書館との連携。
○CS ボランティアとの連携。

出典：『つなげる・ひろげる・そだてる学校図書館：学校図書館活用ハンドブック』（鳥取県教育委員会）

学校図書館指導計画等（鳥取県教育委員会 鳥取県立図書館 学校図書館支援センター）

【小学校の司書教諭の関わる年間指導計画の例　一部抜粋】

平成 27 年度 1 学期　図書館活用計画　小学校 平成 27 年 4 月 1 日

		4 月			5 月	
		単元	支援方法		単元	支援方法
1年	学	★オリエンテーション ・活用の仕方 ・本の扱い方	○貸し出し方法と図書の扱い方を指導する （パワーポイント） （利用指導紙芝居）	国	ことばあそび	○言葉遊びの本 紙芝居を行う ○多田ヒロシあべひろしの本
	生	★としょかんたんけん	○図書館クイズの支援	生	（春の草花） 準：春の草花	○図書の準備
	国	ほんがたくさん	○絵本のある場所	国	読み聞かせ	○こいのぼり、遠足関連
2年	国	★としょかんへいこう 利用の仕方 絵本と９１３物語	○利用の仕方と書架配置 （E・913 分類）を確認する PowerPoint 本棚の本の紹介 （利用指導紙芝居）	国	たんぽぽ 準：タンポポの本	○導入のブックトーク「いきいきしぜんシリーズ」 「たんぽぽ」「たんぽぽのわたげ」他　★4分類も紹介
	国	おはなしカードを書こう	○本の紹介やカード記入の支援	生	やさいをそだてよう	○「トマト」の成長についてブックトークと読み聞かせ
	国	（かたかなで書くこと）	○図書館でかたかなみつけ	国	（読み聞かせ）	○自然関連の図書
3年	国	★本にしたしもう 主な分類とラベル	○読書目標と書架配置 （E・913・4・7 分類） PowerPoint	国	自然のかくし絵	○昆虫の疑似に関するブックトーク（PowerPoint）
	国	（お気に入りの本を紹介）	○エルマーのぼうけん	国	（4分類の本）	○4分類の本の紹介
	国	★国語辞典の使い方を知ろう	○使い方指導 PowerPoint	理	★図鑑の使い方 （昆虫・植物・動物・魚図鑑）	○図鑑の使い方紹介 PowerPoint
4年	国	★図書館へ行こう 分類と書架 （自分の読書傾向と目標）	○図書館の配架と本の分類、ラベルの意味と本の探し方 （PowerPoint） 教 p14　4 年生の本棚	国	ヤドカリとイソギンチャク	○水中生物についての紹介 PP と読み聞かせ「やどかりのいえさがし」
	学	漢字辞典の使い方	○漢字辞典の使い方指導とひき方の定着支援	国	★調べ学習の仕方 （ずっこけ３人組の図書館で調べよう）	○ DVD 活用とワークシート活用による調べ方 （調べ方冊子）
				総	（バリアフリー調べ）	調べ学習の支援
5年	国	★本に親しもう NDC の仕組み （自分の読書傾向と目標）	○利用の仕方と書架配置（日本十進分類法）　自分の読書傾向と目標（PowerPoint） 本棚の本	国	「動物の体と気候」関連図書を読もう	○筆者についての紹介と関連図書の紹介（PP） ○調べ学習の支援
	社	★年鑑・資料の見方	○朝日ジュニア年鑑クラスの人数分準備 PowerPoint	総	キラリ！いのち いのちの大切さ伝え隊	○導入として赤ちゃん写真と「うちにあかちゃんがうまれるの」 ○助産師連絡調整と支援
6年	国	オリエンテーション （自分の読書傾向と目標）	○図書館の役目とレファレンス（PowerPoint） 自分の貸出冊数と読んだ分類	国	イースター島にはなぜ森林がないのか 風切る翼と木村裕一	○イースター島とモアイの紹介（PowerPoint）　3分類の図書紹介 ○著者紹介
	国	★図書館へ行こう NDC の仕組み	○日本十進分類法と自分の読書傾向及び読書目標	社	歴史を図書で調べよう	○2分類の図書紹介と資料の読み方扱い方（出典）

	6月			7月	
	単元	支援方法		単元	支援方法
国	どうやってみをまもるのかな	○動物の絵本の紹介「どうぶつのしっぽ」等	国	おおきなかぶ	○大型絵本
		「どうやってねるのかな」など	国	ほんは友だち 準：よい絵本	○おもしろそうな本の紹介・ブックトーク
国	★絵本のならべ方	○書架の作者別配置について　あきやまただしのア	道	（おこりじぞう）	
国	（読み聞かせ）	○夏の関連本			
国	お手紙 ローベルの本　比べ読み	○「ふたりはともだち」「ひとり読み聞かせ」PowerPoint	国	本はともだち 「ケストナーが大すき」	○やなせたかしさんのおすすめの本 グリム童話・「五月三十五日」 アンデルセン童話・つきよのかいじゅう
生	★ようこそ図書館 （初めての図鑑）	○図鑑利用指導の紙芝居 （この虫は何？） PowerPoint	生	手話であらわそう	○手話の本を使ってどうぶつを表す
生	（夏が来たよ）	○夏関連の本	道	（かわいそうなぞう）	資料提供
総	ハワイのじまん調べ	○資料提供（パンフレット類）	国	俳句に親しもう	○俳句の四季のしおり作り （有名な俳句紹介）
国	インタビューの仕方	○インタビューの仕方について指導する	国	本は友達 「本との出会い」	○田部井さんのおすすめの本の紹介
					○掲載本の紹介　ブックトーク 読み聞かせ
国	★日本十進分類法のしくみ	○パワーポイントとワークシート （本校のラベルを使って学習）	国	本は友達 「本との出会い」	○米村でんじろうさんのおすすめの本 「十五少年漂流記」「雪の写真家ベントレー」「木を植えた男」他
総	情報モラル	○インターネットのマナー			
国	ことわざブックを作ろう （7月教材を早めに）	○ことわざの紹介とことわざ調べの支援	総	手話で自己紹介	○手話の本を使って自己紹介の仕方を学習
総	いのちのマイブックを作ろう	○本作りのレイアウトの仕方（パワーポイント）	国	（本は友達）	○あさのさんのおすすめの本
総	赤ちゃん登校日	○交流の連絡調整と支援	総	手話であいうえお	○50音を手話で話す
国	（新聞記事を持ち寄って）	○情報ファイルの提供	総	★情報モラル インターネットと個人情報	○インターネットと使い方マナー （動画とワークシート）
家	サラダ作り	（○資料準備）			
社	武士の世の中	○調べ学習の支援と資料提供	国	（本は友達）	○毛利衛さんのおすすめの本
総	★情報モラル インターネットとダウンロード ・ウイルス	○IDやパスワード、著作権ダウンロード等についての指導 PowerPoint		「異国での読書」 6年生の本だな	「坊ちゃん」「グスコーブドリの伝記」「よだかの星」など
			総	手話で歌おう	○歌を手話で表す
			理	自由研究のまとめ方 出典について	○調べ方、まとめ方、著作権 奥付の見方　Powerpoint

出典：『つなげる・ひろげる・そだてる学校図書館：学校図書館活用ハンドブック』（鳥取県教育委員会）

【小学校の情報活用による「学び方指導」の内容体系表】

図書館活用による「学び方指導」の内容体系表

	情報・メディアの利用	情報収集の方法
1年	◆学校図書館の利用の仕方 ・はじめてのとしょかん ◆コンピュータ操作に慣れる ・起動と終了　　・マウス操作	◆学校図書館の利用 　◆絵本のある場所と絵本の並び順 　◆学校図書館と町立図書館のラベルの色 ○人的情報源（身近な人）の活用
2年	◆学校図書館の利用の仕方 ・図書の扱い方 ○コンピュータ操作に慣れる ・お絵かきソフトの利用	◆学校図書館の利用 ◆絵本、物語、動物、おもちゃ作りの本のある場所 （E、9、4、7分類） ○人的情報源（地域の人）の活用
3年	◆学校図書館の利用の仕方 ◆公共図書館の使い方 ◆公共施設の使い方 ○デジタルカメラの使い方 ○コンピュータの文字入力	◆学校図書館の利用 　◆日本十進分類法（10区分） 　◆パンフレット、ファイル資料の活用 ◆情報収集の仕方 　◆インタビュー　・電話　　◆手紙の書き方 　・ファックス
4年	◆学校図書館の利用の仕方 ○コンピュータのローマ字入力 ○デジタルカメラの使い方	◆学校図書館の利用 　◆日本十進分類法と請求番号 （利用の多い分類の100区分） 　◆情報カードの書き方 ○インターネット検索
5年	◆学校図書館の利用の仕方 ○コンピュータの活用 ○コンピュータへの画像の取り入れ ○ビデオカメラの使い方	◆学校図書メディアの利用 　◆図書資料 　◆新聞、雑誌 　◆ファイル資料など ○インターネット検索 ◆情報収集（マンダラシート、太陽チャート他）
6年	◆学校図書館の利用の仕方 ○スキャナーの使い方	◆学校図書メディアの利用 　◆図書資料 　◆新聞、雑誌 　◆ファイル資料など ○インターネット検索

参考資料：「情報・メディアを活用する学び方の指導体系表」全国学校図書館協議会

資料の使い方	学習結果のまとめ方	学習の発表の仕方
○抜き書きの仕方 ◆「よい絵本活動ノート」の使い方 　（もくじとさくいん）	○感想の書き方 ○文章のまとめ方	○絵を描く ◆おはなしカード ○紙芝居 ○ペープサート ○劇
◆図鑑の種類と使い方 ◆作者と書名 ◆付箋の使い方	○説明の仕方 ◆クイズの作り方 ◆読書郵便 ○読書感想文の書き方 ◆書名の記入	○手紙 ○音読劇
◆図鑑の使い方 ◆目次、索引の使い方 ◆国語辞典の使い方	○情報の取捨選択 ○図や表の取り入れ方	○ポスター ○壁新聞 ○研究レポート
◆漢字辞典の使い方 　（部首引き、総画引き、音訓引き） ◆情報モラルと個人情報 　・インターネット検索について ◆百科事典の使い方	○要点のまとめ方 ◆本の帯 ◆パンフレットの作り方 ◆詩の書き方	◆新聞の書き方 ◆読書会 ◆ブックトーク ◆手紙の書き方
◆年鑑、統計資料の使い方 ◆インターネットの危険性と身を守る方法	◆資料リストの作成と利用 ◆ブックガイド ○解説ノート ◆本のカバー作り ◆いのちのマイブックの作り方	○朗読発表会 ○ジャストスマイル（PC）のマークシート ◆情報発信の際に気をつけること
◆奥付の見方と出典 ◆情報モラルと著作権	○ニュース番組の作り方 ◆引用の仕方　出典の書き方	○ポスターセッション ○語り ○パネルディスカッション ○ジャストスマイル（PC）のプレゼンテーション

◆は司書教諭が実施、○は学級担任が実施

出典：『つなげる・ひろげる・そだてる学校図書館：学校図書館活用ハンドブック』（鳥取県教育委員会）

学校図書を活用することで身に付けたい情報活用能力

	幼稚園・保育所・認定こども園	小学校		
		低学年	中学年	高学年
育てたい子ども像	◆絵本や物語を楽しみ、表現することを楽しむ子ども	◆読書や調べる楽しさを知り、図書館の正しい利用の仕方を身につけた児童	◆いろいろな種類の本を読み、課題解決に向けて、友達と関わり合いながら意欲的に学ぶ児童	◆目的に応じて、図書館を適切に利用し、学び方を身につけ、課題解決に向けて主体的・協働的に学ぶ児童
課題の設定と情報収集	○読み聞かせを楽しむ。 ○好きな本を見つけ絵本を楽しみながら読もうとする。 ○友達や先生の話を関心をもって聞こうとする。	○身近なことや経験したことなどから興味・関心に応じて学習課題を決める。 ○題名や表紙などに着目して必要な図書を見つける。	○興味・関心に応じて具体的な課題を決める。 ○目的に応じて、複数の資料の中から必要な資料を選ぶ。	○目的を把握し、適切な学習課題を決める。 ○目的に応じて、複数の資料の中から課題解決に役立つか判断し、資料を選ぶ。
情報の活用（選択・整理・分析）	○図鑑を見て楽しく調べようとする。 ○友達の思いを受け止めようとする。 ○遊びに必要な言葉を使おうとする。	○資料の中から目的に合わせて情報を選ぶ。 ○気づいたことや分かったことを記録し、必要に応じて簡単な絵や文で書く。	○二つ以上の情報の中から、目的に合ったものを選ぶ。 ○必要な情報を簡条書きで要点をまとめる。	○複数の情報の中から、適切な方法を使って課題解決に必要なものを選ぶ。 ○事実、引用、要約などと自分の考えを区別して、分かりやすくまとめる。 ○構成、レイアウトを工夫したり、絵や文、グラフ、図や表などを使ったりして、効果的にまとめる。
情報の伝達と評価	○考えたことを自分なりに表現しようとする。 ○自分の思ったことを相手に伝えようとする。 ○友達や先生とのコミュニケーションを楽しむ。	○多様な発表方法を経験して表現する。 ○順序に気をつけて、わかりやすく伝える。 ○教師と共に課題を決め、内容の見通しを持って課題解決できたか振り返る。 ○友達の表現のよいところを見つけて感想を伝え合う。	○相手や目的に応じて適切な表現方法を選んで表現する。 ○自分の考えが分かるように筋道を立てて、相手や目的に応じて伝達する。 ○具体的な課題を決め、内容の見通しを持って計画を立て、課題解決できたか振り返る。 ○友達の表現のよさについて意見を述べ合う。	○目的や意図に応じて効果的に表現するよう工夫する。 ○考えたことや自分の意図が分かるように、構成を工夫しながら、目的や場に応じて伝達する。 ○課題が適切で、見通しを持って内容や方法について学習を立て、解決することができたか振り返る。 ○学習課題や学習過程について友達の表現のよさを伝えたり、助言したりする。

学校図書館の利活用に支援を必要とする子どもについては、実態やニーズに応じて、上記の表を活用する。

	中学校	高等学校
育てたい子ども像	◆主体的に考えて判断し、課題解決に向けて多様な資料から必要な情報を活用することを通して、主体的・協働的に学び続ける生徒	◆将来の進路を見据え、自己実現のための課題解決に向けて、的確な情報を適切に活用することを通して主体的・協働的に学び、自分の考えで表現する生徒
課題の設定と情報収集	○学習課題を解決するための適切な資料や収集方法について考え、具体的な学習課題を立てる。 ○目的や意図に応じて多様な情報源を活用し、必要な各種資料を選ぶ。	○中学校までの知識やスキルを基に学習課題を解決するための資料を読み解きや収集方法について検討しながら、適切な学習課題を立てる。 ○自分の設定した課題が見通しを持って解決できるか考察しながら、根拠となる多様な資料収集を的確に行う。 ○資料をもとに目的に応じて多岐にわたる検索方法で情報の特性を生かした様々な資料を選ぶ。
情報の活用（選択・整理・分析）	○複数の情報を目的に応じて比較、分類、関連づけ、多面的・多角的に分析する。 ○様々な情報を比較、分類、単純化したり、情報追加したり、再構築したりする。 ○情報を整理して、目的や意図に応じてわかりやすく要点を押さえて自分の意見の関係性を考えてまとめる。	○常に複数の情報を適切に比較、検討、分類し、情報の持つ価値や希少性等を判断しながら選択する。 ○自分の考えとは異なる意見の資料も取り入れ、様々な考えや解釈のあることを理解した上で総合的に判断して活用する。 ○目的に応じて選択した資料を論理的に読み解き、資料を多面的、多角的に分析し自分の課題に関連付けることができる。 ○選択した情報を自分の意見と比較、分析しながら構成を考え、論点をまとめる。
情報の伝達と評価	○表現手段の特徴を理解し、相手や目的、意図に応じて効果を考えながら工夫して表現する。 ○情報発信手段としての機器の特徴を理解し、根拠を明確にして効果的に伝達する。 ○課題が明確なもので、課題解決に向けての内容、方法、表現が効果的であったか振り返る。 ○表現、伝達されたものの中から、課題解決のために集めた情報の有効性、必要性、信頼性を判断し合う。	○表現手段の特徴を理解し、相手や目的、意図に応じて効果を考え、自分の考えとの関係性を考えながら工夫して論理的に表現する。 ○情報発信手段としての機器の特徴を理解し、根拠を明確にして最も効果的な方法で伝達する。 ○課題設定から調査、発表までの一連の取組みについて、客観的な自己評価を行う。 ○課題設定から調査、発表までの一連の取組みについて、客観的な相互評価を行い、自分の学びにいかす。
学校図書館の利活用に支援を必要とする子どもについては、実態やニーズに応じて、上記の表を活用する。		

出典：『つなげる・ひろげる・そだてる学校図書館：学校図書館活用ハンドブック』（鳥取県教育委員会）

カリキュラム・マネジメント（静岡県沼津市立静浦小中一貫学校）

　静岡県沼津市立静浦小中一貫校では，司書教諭がカリキュラム・マネジメントに参加している。これは，その実際について同校の司書教諭・小谷田照代氏の報告である。

学校図書館とカリキュラム・マネジメント

小谷田照代（沼津市立静浦小中一貫学校　司書教諭）

1　はじめに

　本校は，平成26年4月に静岡県初新設の施設一体型小中一貫学校として開校した。学校図書館は校舎の中央にあり，2階は，9類の本が置かれている読書センター，3階は，0〜8類の本が置かれており，授業が出来るように机椅子，電子黒板，ホワイトボードなどが準備されている学習センターである。9学年を，小学校1年─4年（初志部），小学校5年─中学1年（立志部），中学2年─3年（大志部）の4─3─2に分け，中学1年〜3年を7年〜9年と呼んでいる。筆者は，開校以来司書教諭として勤務している。

2　学校図書館を学校全体で使うために

（1）開校から2年間の実践を終えて

　開校時に，学校図書館全体計画を作成し，2年間かけて読書センター・学習センター・情報センターとして活用してきた。朝読書を学校図書館で行うようにしたり，読書ノートを全校で統一したり，ビブリオバトルや読書会の開催をしたりして読書が活発になった。さらに，全学年の授業で使う本をそろえておくことで，授業で学校図書館を使う教員が増えてきた。しかし，総合的な学習の探究過程である「課題の設定」「情報の収集」「整理・分析」「まとめ・表現」といった段階で必要な情報スキルを他の教員が各教科の中でも意識して指導しているのかどうかを知る機会がないことに気がついた。その原因は，各教科の先生方との打ち合わせをする場がないことであり，当然各教科等の教育内容を相互の関係で捉える機会もなかった。

（2）研修部と図書館部が手を組む

　一方，各教科の9年間で付けたい力を中心に2年間研修してきた研修部は，9年間の縦を繋ぐ「教科の根っこ」が欲しいと考え，各学年の横の繋がりのキーステーションとして学校図書館を「考え方の教習所（＝情報スキルの習得）」として定義していくことになった。

　そこで，開校2年目の年度末に，研修目標「9年間のカリマネによる確かな学力の保証」のために「カリキュラム・マネジメント（以下カリマネ）会議」を行い，PDCAのサイクルを回しながら目標に近づいていくやりかたをスタートさせたのである。

3　カリキュラム・マネジメント会議の実際

（1）各教科等の教育内容を相互の関係で捉える

　カリマネ会議のスタートは，各学年の年間指導計画を見ながら，「各教科等の教育内容を相互の関係で捉える」ために，関連ある内容を線で繋いでいった（写真1）。小学校1年生から学級担任以外の教員が多く授業に入るため，お互いの実践を伝え合うことだけでも新しい発見や気づきがあった。会議で

繋がっていると確認できた内容は，次年度に実際に行っていくようにした。

（2）情報スキルの習得

当初，各教科の教育内容を相互の関係で捉えるだけのカリマネ会議は，「教科で付けた力が他教科にどう生かされているか」という視点で話し合うようになった。そこでは，『すぐ実践できる　情報スキル50』（塩谷京子，ミネルヴァ書房 2016）の一覧表に沿った内容の話し合いができるようになった。また，この会議の時にスキルが必要な単元を確認し，授業前に必ず担任と打ち合わせをすることにした。こうすることで，スキルの習得に全教員がかかわれるようになった。

写真1　開校3年目にしてスタートしたカリマネ会議

4　2年間のカリマネの成果

（1）年間指導計画表の全面改定

各教科等の教育内容を相互の関係で捉えたカリマネ会議の結果，各学年の横断的な単元が決まった。また，線で結んでいた内容も実施時期をそろえて行うように計画した。

（2）図書館部がカリマネ会議に参加できる組織

研修部主導で行ってきたカリマネ会議も組織化する必要があるということで，教務部で学校運営組織を改訂した。図書館部は研修部の中に入り，研修を支えていくこと，教科部会や基礎学力を支える組織と同じレベルで位置づけされることが明確になった。また，カリマネ会議は，各教科と各志部で行うこととなった。

5　おわりに

司書教諭として学校図書館を「教育課程の展開に寄与」できるようにするには，カリマネ会議の中での話し合いがとても重要であることが分かってきた。2年間の成果を元に，さらに実践を積み重ねていきたい。

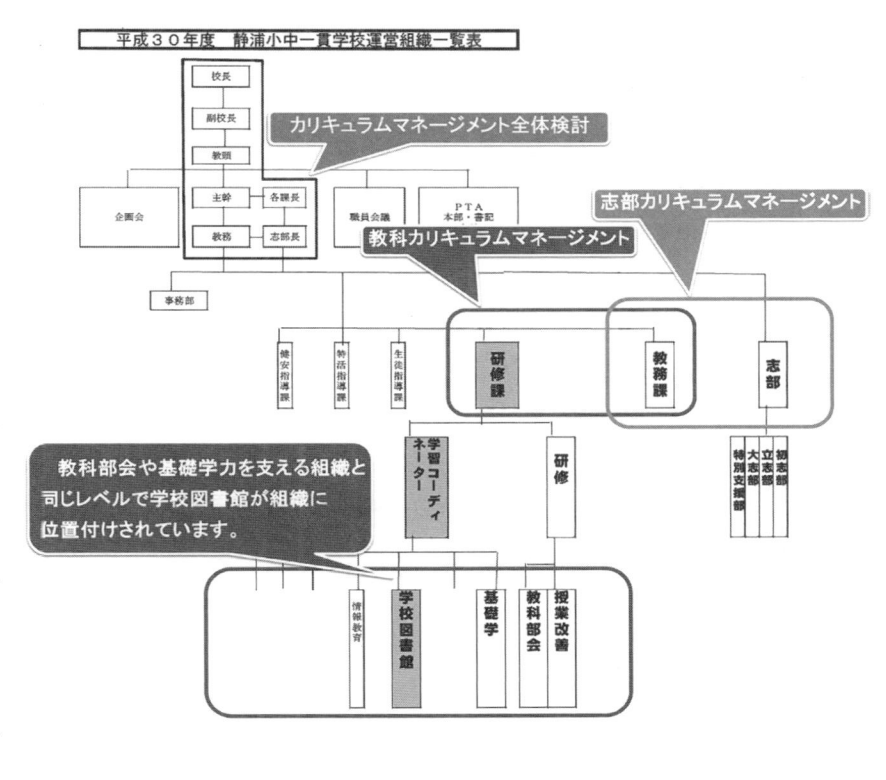

学校図書館担当者の研修等（東京都荒川区教育委員会）

　荒川区教育委員会には学校図書館支援室が設けられており，区内学校図書館の担当者向けに5種類の研修会を開催している。平成30年度は，①司書教諭（学校図書館担当者）研修会（6回），②学校司書研修会（7回），③学校司書連絡会（学期に1回年3回），④地区別学校図書館連絡会（学期に1回年3回），⑤新任司書研修会（6回）を開催予定である。平成29年度の内容は次ページのとおりである。これらの研修について，その意義を学校図書館支援室の神澤登美子氏は次のように分析する。以下は神澤氏からの提供によるものである。

学校図書館担当者向け研修会の意義

神澤登美子（荒川区教育委員会学校図書館支援室）

1. 各研修会を通して学校司書同志が話しやすい環境が生みだされ，経験豊かな学校司書が様々な場面で若年層の司書を支えている。
   細々とした運営方法の伝授だけでなく，学校管理職・教員・児童・生徒・職員等との人間関係が活用の基盤となることを伝え試行錯誤しながらもかかわりを着実に構築できるように助言するなど大きな助け手となっている。

2. 司書教諭と学校司書の合同研修から同じ視点で話し合いができるきっかけができている。転入教員や新任教員への学校図書館活用授業に協力して授業方法を積極的にアドバイスしたり，学校全体の読書指導・読書活動への新たな取り組みを始めたり，学校内で教員向け研修会を2人で企画運営したりすることも多くなってきた。

3. 学校長が学校図書館長であるという校長会での説明もあり管理職が担当者により耳を傾け，全教科で活用が進むように全教職員に投げかける機会も多くなってきている。

4. 読書力や読解力の関係，多読か熟読か，良い本とは，中学生が読みたい本と，読むべき本や読んでほしい本，探求学習の評価方法，深い学びとはなにか，著作権，支援と指導とは……。課題は多くある。
   学校図書館担当者と学校司書の打合せが時間割内でできるように区費での非常勤講師2時間任用の制度を設定している。この制度を活用して担任や教科担当と、3人での授業支援例も報告されている。今後もさらに学校図書館活用での司書教諭と学校司書の協働をキーワードに研修のあり方を問い続けたい。

平成29年度 司書教諭（学校図書館担当者）学校司書研修会　荒川区教育委員会指導室

①司書教諭（学校図書館担当者＝図書主任）研修会

※印は合同研修会

No.	日時	研修内容	場所
第1回	5月11日	「教育課程の展開に寄与する学校図書館」明星大学　教育学部教授　吉富芳正氏	教育センター
第2回※	7月6日	「児童・生徒の心を育てる　選書・蔵書のあり方」市川市立行徳小学校学校司書　千葉大学講師　　高桑弥須子氏	教育センター
第3回※	8月29日	「アクティブ・ラーニングを支える学校図書館のあり方」 ～学校図書館資料とタブレット、それぞれの有意性をどう教育活動にいかすか～ 東京学芸大学　　情報処理センター教授　　森本康彦博士	教育センター
第4回※	11月21日	荒川区立赤土小学校研究発表会「読む楽しさ調べる喜びを味わえる図書館利活用の研究―幼保小中連携を通して―」	赤土小学校
第5回	1月11日	「これからの時代に求められる、資質・能力の育成と学校図書館」元荒川区立赤土小学校学校長・現支援員小川博規氏	教育センター
第6回※	2月9日	司書教諭・学校司書合同研修会・実践発表会「『学校図書館学習・情報センター化推進校』の取り組み発表」	教育センター

②学校司書研修会

※印は合同研修会

No.	日時	研修内容	場所
第1回	5月11日	①荒川区学校図書館活,用指針②学校図書館法③研修・研究について④学校司書年間計画について	教育センター
第2回※	7月6日	「児童・生徒の心を育てる　選書・蔵書のあり方」市川市立行徳小学校学校司書　千葉大学講師　　高桑弥須子氏	教育センター
第3回※	8月29日	「アクティブ・ラーニングを支える学校図書館のあり方」 ～学校図書館資料とタブレット、それぞれの有意性をどう教育活動にいかすか～ 東京学芸大学　　情報処理センター教授　　森本康彦博士	教育センター
第4回※	11月21日	荒川区立赤土小学校研究発表会「読む楽しさ調べる喜びを味わえる図書館利活用の研究―幼保小中連携を通して―」	赤土小学校
第5回	1月11日	「司書教諭の役割と学校司書の連携について」学校図書館学習・情報センター推進校の取り組み発表	教育センター
第6回※	2月9日	司書教諭・学校司書合同研修会・実践発表会「『学校図書館学習・情報センター化推進校』の取り組み発表」	教育センター
第7回	3月2日	「本年度の成果と課題・次年度に向けて」（予定）	教育センター

③学校司書連絡会：グループごとに課題設定・研究を行う

No.	日時	研修内容	場所
第1回	5月11日	「今年度の研究ねらいと研修計画の作成・分担・情報交流	ゆいの森
第2回	7月6日	研究中間報告	ゆいの森
第3回	8月29日	研究発表（予定）	ゆいの森

④地区別学校司書連絡会：4地区ごとに開催、公共図書館司書と連絡・協議を含む

No.	日時	研修内容	場所
第1回	6月	第1学期の学校の取り組み・区立図書館との連携・研究テーマのについて	ゆいの森
第2回	10月	第2学期の学校の取り組み・区立図書館との連携・研究テーマのについて	ゆいの森
第3回	2月	第3学期の学校の取り組み・区立図書館との連携・研究テーマのについて	ゆいの森

⑤新任司書研修会：新任司書の在籍校・教育センター

No.	日時	研修内容	場所
第1回	4月16日	①学校の教育活動と児童生徒理解	教育センター
第2回	5月25日	①「調べる学習コンクールの取り組みについて」	教育センター
第3回	9月14日	①教科学習に役に立つ学校図書館活用	教育センター
第4回	12月15日	①学校図書館からの発信（図書館便り・掲示・展示等）②成果と課題（予定）	赤土小学校
第5回	1月26日	①学校図書館の環境整備（書架の作成）	教育センター
第6回	3月19日	①1年間のまとめ・成果と課題	教育センター
	4月4日	ＰＣ研修会	教育センター

出典：『平成29年度　司書教諭（学校図書館担当者）学校司書研修会』（荒川区教育委員会指導室）

学校図書館を活用した情報教育にかかわる年間指導計画の例

	4月	5月	6月	7月　読書賞　19日	8月
			調べ方やまとめ方を知り、図書館を使って調べ学習しよう		
第1学年	※図書館オリエンテーション ☆図書館にいこう	※本のなかまを見つけよう 本の分類・探し方	※図鑑の使い方 目次を使おう 索引を使おう 〇なかよしいっぱいだいさくせん	※1学期読書賞 ※調べたことをまとめよう ※☆読書感想文の書き方を知ろう 〇ポスターをつくろう	※夏休み貸出 ※調べたことをまとめよう
第2学年	※図書館オリエンテーション ☆図書館にいこう ◇遠足(動物園) 〇動物についてしらべよう	※本の仲間を見つけよう 本の分類・探し方・目次を使おう 索引を使おう ※知りたいことを見つけよう (テーマの決定)	※図鑑の使い方 ※百科事典（ポプラディア）を使おう ●タブレットPCを使って調べよう 〇いきもののかいかたについてしらべよう	※1学期読書賞 ※調べたことをまとめよう ※百科事典（ポプラディア）を使おう ※読書感想文の書き方をしろう ☆あまんさんの部屋	※夏休み貸出 ※調べたことをまとめよう
第3学年	※図書館オリエンテーション ☆図書館にいこう ■春に花が咲く植物	※●ポプラディアを使おう ※テーマを決めよう ☆本をさがそう ◎荒川区の様子 ■こん虫の生態	※記録カード・資料リストを作ろう ※☆国語辞典を使おう ●タブレットPCを使おう ※●ポプラディアを使おう ◎荒川区の様子 ■植物の体のつくり	※1学期読書賞 ※調べたことをまとめよう ☆あまんさんの部屋 ◎荒川区の様子 ■動物の擬態 ■生物と環境の関わり	※夏休み貸出 ※調べたことをまとめよう
第4学年	※図書館オリエンテーション 図書の分類を知ろう ☆図書館へ行こう	※●ポプラディアを使おう ※テーマを決めよう ☆ふせん紙を使って整理しよう ◎住みよいくらしをつくる（水・ゴミ）	※☆漢字辞典を使おう ※年鑑を使おう ※百科事典を使おう ●タブレットPCを使おう ※●ポプラディアを使おう ◎住みよいくらしをつくる ■自然の中の水	※1学期読書賞 ※調べたことをまとめよう ※記録カード・資料リストを作ろう ※レポートを書こう ☆あまんさんの部屋 ◎住みよいくらしをつくる	※夏休み貸出 ※レポートを書こう
第5学年	※図書館オリエンテーション 図書の分類を知ろう ☆図書館へ行こう	※●ポプラディアを使おう ※テーマを決めよう ☆お勧めします、この1冊 ☆インターネットを使って調べよう	※年鑑を使おう ※百科事典を使おう ●タブレットPCを使おう ※●ポプラディアを使おう ☆国語辞典で受け継ぐ言葉の文化 ◎水産業のさかんな枕崎市	※1学期読書賞 ※調べたことをまとめよう ※記録カード・資料リストを作ろう ※レポートを書こう ☆あまんさんの部屋 ■人のたんじょう	※夏休み貸出 ※レポートを書こう
第6学年	※図書館オリエンテーション 図書の分類を知ろう ☆図書館へ行こう ☆国語辞典から広がる言葉の世界	※●ポプラディアを使おう ※テーマを決めよう ☆ニュースと編集について ■体のつくりとはたらき ◎日本の歴史	※年鑑を使おう ※百科事典を使おう ●タブレットPCを使おう ※●ポプラディアを使おう ■生物とその環境 ◎◇日本の開国に関わった人々	※1学期読書賞 ※調べたことをまとめよう 記録カード・資料リストを作ろう ※レポートを書こう ☆あまんさんの部屋 ■生物と地球の環境	※夏休み貸出 ※レポートを書こう

※読書週間　6月20日〜24日

図書館資料やタブレット PC などのメディア資料活用をして発表をしよう

縦書き欄（9月～10月の間）：
- ※友だちと見合ってよりよい作品を作ろう（図書館を使った調べる学習コンクール）
- ※図書館を使った調べる学習コンクール　作品提出　9月末日（2～6年児童全員提出）

縦書き欄（11月）：読書週間　10月24日～28日

9月	10月	11月	12月 読書賞 19日	1月	2月	3月 読書賞 13日
※図書館オリエンテーション／本のなかまを知ろう（書架への返し方）／※調べたことを書こう／※図鑑を使おう／○生きものとなかよし	●タブレットPCを使おう／※ずかんを使おう／○たのしさいっぱい秋いっぱい	※百科事典（ポプラディア）を使おう／○秋のおもちゃ大集合	●タブレットPCのいろいろな使いかたをしろう／※2学期読書賞／※本でしらべよう／○むかしあそびをしよう	※図書館オリエンテーション／○冬を楽しもう	※お気にいりの本を紹介しよう／○風で遊ぶおもちゃをつくろう／○新しい1年生に学校を紹介しよう	※3学期読書賞／※学習をふり返ろう
※図書館オリエンテーション／本のなかまを知ろう（書架への返し方）／※小論文を書こう／☆本を大切にしよう／○生きもの大すき	※調べたことを発表しよう／☆小論文を仕上げよう／☆なかま分けをしよう／○生きもの大すき	※読み聞かせ(昔話)／○動くわたしのおもちゃ	●タブレットPCのいろいろな使いいかたをしろう／※2学期読書賞／※ブックトーク（昔話）	※図書館オリエンテーション／※資料を活用して調べよう	※国語辞典の使い方／※お気にいりの本を紹介しよう	※3学期読書賞／※学習をふり返ろう
※図書館オリエンテーションほかのし／本のなかまを知ろう（書架への返し方）／※図鑑で調べよう／※☆小論文を書こう／◎店ではたらく人	●タブレットPCのいろいろな使い方を知ろう／※漢字辞典を引いてみよう／※小論文を仕上げよう／☆まとめた言葉	◎店ではたらく人／■身の回りの日時計／○工場の仕事	※2学期読書賞／◎工場の仕事／■太陽の光の利用	※図書館オリエンテーション／◎古い道具と昔のくらし／■明かりのうつりかわり	※新聞を作ろう／○古い道具と昔のくらし／■いろいろな磁石・役に立つ磁石	※3学期読書賞／※学習をふり返ろう／○のこしたいもの／■おもちゃショー
※図書館オリエンテーション／本のなかまを知ろう（書架への返し方）／※小論文を書こう／☆百科事典で調べよう／◎住みよいくらしをつくる（水・ゴミ）	●タブレットPCのいろいろな使い方を知ろう／※☆小論文を仕上げよう／☆国語辞典を活用しよう／◎住みよいくらしをつくる（水・ゴミ）	※新聞の活用／☆新聞のくふうを知ろう／○郷土を開く	※2学期読書賞／※新聞の活用／◎わたしたちの東京都	※図書館オリエンテーション／※パンフレットを活用／◎わたしたちの東京都	※わたしたちの東京都	※3学期読書賞／※学習をふり返ろう／◎わたしたちの東京都
※図書館オリエンテーション／本のなかまを知ろう（書架への返し方）／※小論文を書こう／☆本の分類を知ろう／◎自動車をつくる工業	●タブレットPCを効果的に使おう／※新聞を活用しよう／※小論文を仕上げよう／◎工業生産と工業地域	☆漢字辞典で受け継ぐ言葉の文化／☆情報を分類し整理しよう／◎工業生産と貿易	※2学期読書賞／◎放送局の働き情報と社会	※図書館オリエンテーション／◎さまざまな自然とくらし	わたしたちの生活と環境	※3学期読書賞／※学習をふり返ろう／◎わたしたちの生活と森林／◎○自然災害の国日本
※図書館オリエンテーション／本のなかまを知ろう（書架への返し方）／※小論文を書こう／☆調べるための本	●タブレットPCを効果的に使おう／※新聞を活用しよう／※小論文を仕上げよう／◎明治の国づくりを進めた人々	○長く続いた戦争と人々のくらし／☆漢字辞典から広がる文字の世界	※2学期読書賞／☆レポートの組み立て	※図書館オリエンテーション／◎日本とつながり深い国々	☆平和な世の中を築くためにパネルディスカッション	※3学期読書賞／※学習をふり返ろう／■生物と地球の環境

出典：『荒川区学校図書館活用方針』平成29年3月改訂（荒川区教育委員会）

学校評価書（山形県立山形東高等学校）

　山形県立山形東高等学校の学校評価書は6領域に分かれており，そのなかの「学習指導」の領域に，読書指導や探究型学習を前提とした図書館の整備や利用が見られる。

平成29年度　山形県立山形東高等学校　学校評価書（自己評価・学校関係者）

領域	重点目標	具体的目標・評価指標	自己評価
学習指導	【主体的・協働的な探究型学習を通した学力の充実向上】 1 すべての生徒の基礎学力充実のために，授業中心主義を徹底する。 2 主体的・協働的な探究型学習のための教科指導の研究を深め，実践する。 3 生徒の授業評価による授業改善や，研究授業を通した授業力の向上を図る。 4 ICT機器及び環境を整備し，効果的運用を促進する。 【読書習慣の形成と感性教育の推進】 5 読書を心の糧とすべく，生徒が利用しやすい読書・学習の環境を整備する。 6 芸術鑑賞の機会を多く設け，豊かな感性を養う。 7 探究型学習にも対応する図書館環境を整備し，その活用を援助する。	基礎学力の充実及び大学入試につながる探究型の学習指導を推進する。授業改善に向けて，授業の互観を年3回以上行う。毎日の家庭学習時間を，学年＋2時間以上を目標に取り組ませる。山東探究塾参加希望者40名以上をめざす。山東探究塾に係る対外的なプレゼンテーションの実施や，各種コンクール等の応募を合わせて20件以上をめざす。読書を推奨し，年間一人平均15冊以上の読書量を目指す。校内読書感想文コンクールへの積極的な応募を促し，提出率100％を目指す。教科学習及び読書のための図書館及び図書資料の利用を積極的に推進する。	B
進路指導	【進路指導の充実・キャリア教育の推進】 1 各学年の進路に関わる事項や行事を考慮し，3年間を見通した進路指導を推進する。 2 超難関大学・医学部医学科への志望実現のための各教科の指導方法や研究を更に深める。 3 生徒が自己の在り方や生き方についての考えを深め，自己実現に向けた進路選択・決定ができるよう，キャリア教育を推進する。	進路指導・実践的教科指導について，本校の実情を踏まえ，グローバル化や他県・他校の状況を視野に入れながら，3年間を見通した指導内容や指導法の研究に努める。3学年当初の第一志望を実現し，現役合格率70％以上を目指す。東大・京大合格者数合わせて2桁を目指す。医学部医学科の推薦・AO入試について研究を深め，現役合格率向上を目指す。キャリア教育推進のため，総合の時間の利用などを教育企画課・教務課・図書課・各学年と共に考え，また，学業面だけでなく健全な心身の発達を目指すために，保健課との連携を強める。	B
生徒指導・特別活動	【生徒指導の推進】 1 各家庭，各学年との連携を密にし，全校体制で基本的生活習慣の確立を徹底する。 2 登下校，部活動等での安全の確保を徹底する。 3 生徒会活動，部活動，各種行事の一層の充実を図る。 4 社会参加活動を推進する。 5 学校内外を問わず，いじめを許さない人間性を育み，その防止に取り組む。	毎月の出席率平均が99.0％以上をめざす。前期において各学年の皆出席者を明確にし，1年間皆出席者を全校生の50％をめざす。3年間の皆出席者を3学年生徒の25％をめざす。登下校時の安全を図り，交通事故ゼロを目指す。部活動等で団体5種目以上，個人種目10人以上の全国大会出場を目指す。社会参加・ボランティアを促し，各種の地域・施設情報を特定掲示板で毎月定期的に紹介し，参加しやすい体制をとる。学校内外を問わず，いじめを許さない人間性を育み，その防止に取り組む。	B
健康安全指導・環境整備	【健康の保持・増進と環境の美化】 1 心身の健康の自己管理と，その充実・向上を図る。 2 環境の整備と，その美化に努め，奉仕的精神を涵養する。 3 安全教育を徹底する。 【危機管理体制の確立及び学習環境の整備】 4 危機管理体制を整備し，災害・事故の防止に努める。 5 公共物愛護の精神を育成し，学習環境の保全と整備を図る。	生徒保健委員会の「保健だより」年間5回，保健課発行の広報紙を年間10回発行して，心身の健康維持増進を図る。年18回のカウンセラー相談日を設定し，生徒・保護者との教育相談活動を充実させる。清掃徹底日（毎週月曜日）と月例大掃除の取組により，校舎内外の環境美化に努める。防災・災害対応訓練を年4回行い，危機管理意識の高揚と生活・校舎の安全を図る。	B
家庭地域の連携	【家庭・地域社会との連携】 1 学校・家庭・地域との連携を一層深めるとともに，評価と公開を適切に行う。	PTA総会・研修会（公開授業を実施）の出席率70％以上を目指す。PTA会報を定期的に発行するとともに，保護者・学校評議員等の意見を聞き，経営改善に努める。	B
学校運営		ゆとり創造運動を推進し，土曜講習等に伴う代休措置の取得率100％を目指す。「エコ・環境保護」を合言葉に水道，光熱費及び消耗品費等の節約に努める。	C

	1	学校の教育目標	創造力に富み、心豊かでたくましい人間の育成 自主的・自律的に行動できる、個性豊かな人間の育成 広い視野を持ち、国際社会に貢献できる人間の育成
	2	本年度の重点目標	主体的・協働的な探究型学習を通した学力の向上　　進路指導の充実・キャリア教育の推進 生徒指導の推進　　健康の保持・増進と環境の美化 家庭・地域社会との連携、危機管理体制の確立及び学習環境の整備 読書習慣の形成と感性教育の推進
	3	本年度の評価	【評価基準　　A 達成できた　　B ほぼ達成できた　　C あまり達成できなかった　　D 達成できなかった】

領域	今年度の成果と課題	次年度への改善点	学校関係者評価	学校関係者の意見・要望
学習指導	各教科とも授業の互観に熱心に取り組みながら、探究型学習の観点から授業の改善に取り組んだ。 各学年とも学習時間がやや不足し学年＋2時間以上の家庭学習時間は達成できなかった。 読書課題提出率100％を達成し、様々な外部コンクールで優秀な成績を収めた。教科による図書館利用時数は昨年度を上回った。	探究科設置にあたり、各科目の教育内容を具体化するとともに、生徒の探究的な活動を推進できる授業展開や評価方法を検討していく。 学習時間調査を踏まえた家庭学習や課題への取組みの指導と遅進者に対する手立てを行う。 読書課題処理に関して担任の事務的負担の軽減を図り、本質的読書指導に傾注できるようにする。	B	少子高齢化、ＡＩの進化、環境問題等により、社会がこれまで経験したことのない課題に直面している中で、自ら主体的に学び、課題を見つけ解決していく姿勢を育てることが大切である。探究科の設置や探究型学習の推進に期待するところが大きいし、応援している。アクティブラーニングによる授業実践について興味深く感じた。ＩＣＴを活用する技術がないと、世界においていかれてしまうので、教育現場のシステムの充実に向け、学校として更に声を出していくべきだ。
進路指導	校内・校外研修に積極的に参加し、教員の指導力向上につながっている。また、生徒たちに対しても意欲向上を目指し、校外からの協力を得、諸活動を実践した。 難関大学への現役合格率をいかにしてあげていくかが、継続的な課題である。	他分掌との連携をさらに密なものとし、生徒一人ひとりに対し、総合的な実践力と問題解決能力が身につくようにしていく。	B	コミュニケーション力がこれから本当に大切になる。目的は何か、何のためにするのか、自分の意見を言うことができ、他者・他文化を受け入れることのできる人を育ててほしい。首都圏に人口が一極集中している。地域との関わりを深め、外から見た山形を学び、卒業生が地域に戻ってくる仕組みづくりを考えてほしい。評価指標に対して、評価時期が対応していない。
生徒指導・特別活動	毎月の出席率平均99.1％、1年間皆出席者数52.3％、3年間の皆出席者数29.1％で、目標を達成した。 各部活動が上位入賞を目指して健闘し、団体9種、個人11人が全国大会に出場した。自動車が自転車に接触した事故8件、自動車が歩行者に接触した事故1件である。（合計9件）ボランティア活動については資料提供と掲示を行い・有志個人・HR・部活動で行っている。また生徒会が中心となりアフガニスタンにランドセルを送るボランティアを実施した。地区の町内会と連携し、除雪ボランティアを行っている。いじめ防止に取り組み、認知件数は5月3件（解消3件）11月3件（経過観察3件）である。	家庭とも十分に連携をとりながら、今後も欠席や欠課が少なくなるような指導を進めていく。やむをえず自家用車で送迎する場合でも、新築西通り及び三島神社通りから進入しないことを指導する。放課後の部活動等の終了後の速やかな下校を指導する。「えがお大作戦」アフガニスタンにランドセルを贈るために、1個につき送料約2500円必要であり、来年度実施する場合はランドセルを送料の一部をいただくことを検討している。いじめと疑われる事案を含め、速やかに対応する。	B	アフガニスタンにランドセルを送るボランティアは良いことだが、送料負担については再検討すべきである。荷姿を変えたり、送る品物や業者を変えたりといったことを考えてみてほしい。
健康安全指導・環境整備	1月末日まで「保健便り」5回、「はあと」8回発行。SC相談日は14回実施し、生徒・保護者のべ48人の利用。清掃は良好。 災害対応訓練4回を実施した。5月に運用開始したメール送受信システムは、野球全校応援態勢の連絡・Jアラート対応・交通機関の乱れの連絡などに有効に活用された。予算が逼迫しており、校舎の老朽化による修繕も十分対応できないながらも、予算の有効活用で、廊下・昇降口などにワックス塗布を行った。	清掃・ごみ減量等の環境衛生活動を充実させる。 Jアラートなど新たな危機に対する備えを整備する必要がある。来年度の新入生から食料備蓄を始める。今後探究科の設置によりますます教室不足への対応が求められる。限られた予算の有効活用のために、今後さらに節約に努める。	B	教室のロッカーは錆びており、教室の床に荷物を置かざるを得ないなど、学ぶ環境が整っているとは言い切れない。働く環境としてもベストではない。他の県立高校が、新築・建て替え等を行っている中で、もっと施設・設備の充実に力を入れるべきだ。生徒の探究活動も、最新の設備があって初めて実現できるものであり、そこに投資があって初めて実現する。
家庭地域の連携	PTA関係の行事は滞りなく実施し、どの行事も70％以上の出席があった。学校評価アンケート結果も校内で報告され、課題の共有がなされた。	各種アンケートや行事等を通して、保護者・地域の意見をすくい上げ、家庭・地域との連携強化に努める。	B	地元の優れた企業にも目を向けた探究活動を行ってほしい。
学校運営	土曜講習等の代休取得率は、各学年とも100％である。 ○光熱水費対前年度比(1月末現在) 電気　6.4％増加（427,052円の増） 水道　4.1％増加（159,546円の増） ガス　21.6％減少(222,661円の減) 全体　3.1％増加(363,737円の増)	今後も業務の効率化等を通し、ゆとり創造運動を推進する。 職員及び生徒へ一層の節約に向け周知・啓発を行う。限られた予算の中であるが、今後改修等の機会をとらえて、照明のLED化やトイレの節水化への対応に努める。	B	光熱水費の結果というより、取組で評価して良い。電気はLED化し、電力は自由化されているので他の県立高校は山形と差別化をはかり、教育現場の充実を図るべきである。県からの予算のみで大変であれば、保護者からお金を集めても良い。

出典：『平成29年度　山形県立山形東高等学校　学校評価書（自己評価・学校関係者）』（山形県立山形東高等学校）

学校図書館評価表（千葉県市川市教育委員会　教育センター）

千葉県市川市では市川市教育センターで作成した「学校図書館チェックリスト」を用いて年度末に自己評価し，教育センターへ提出する。

市川市教育センター発行　市内全小・中・義・特別支援学校対象

市川市版　学校図書館チェックリスト

市川市立〇〇 学校

校長　市川　太郎　　　印

		該当する項目に「1」を付けてください。	1	備　考
組織	1	校内に学校図書館部がある（学校図書館について話し合う部会がある）		
	2	その構成メンバーは ＿＿＿＿＿＿＿＿＿＿＿＿＿＿＿ で合計＿＿＿名である [例]：司書教諭、学校司書、各学年1名　で　合計 8名		
	3	研究推進委員会に司書教諭が組み込まれている		研究教科（　　　　　）
	4	司書教諭や図書館主任が、学校図書館を教育活動に広く利用するようはたらきかけている		
運営方針	1	図書館活用全体計画がある（成文化されている）		
	2	その全体計画は職員会議の承認を得ている		
	3	「こども読書の日」（4月23日）について知らせている		
	4	ネットワークシステムや物流日程について教職員に周知している		
資料	1	資料収集方針が決まっている（成文化されている）		
	2	資料収集方針は職員会議の承認を得ている		
	3	資料の発注は必要に応じて年に何回かに分けて行なっている		
	4	多様な資料に目配りするために、案内や情報をチェックしている		
	5	雑誌は定期的に購入している		種類
	6	新聞を購入している（無償で配られている新聞以外）		新聞
	7	CD・CD−ROM・DVD・ビデオ等視聴覚資料を購入している		
	8	資料を利用するための設備は整っている		
	9	切りぬき・ファイリングをしている		
	10	紙芝居は、データにして管理している		
	11	蔵書点検を行っている（年1回行う）		月に行う
	12	※インターネットを図書館で利用することができる		
閲覧	1	利用者は在校中いつでも利用できる　（利用者：児童・生徒、教職員）		
	2	開館時間の案内がある		
	3	開閉館のわかりやすい案内がある		
	4	長期休業中に開館の予定がある		
	5	主たる図書室（または閲覧室）に1クラス分以上の座席が確保してある		
	6	ブラウジングスペース（雑誌を読むようなくつろぎのコーナー）がある		
	7	図書ラベルはNDCに準じた3桁である		
		絵本もNDCに準じて3桁に分類してある（E表示のみは、不可）		
	8	図書の配架は原則としてNDCに準じている		
	9	書架見出しなど書架には適切な案内がある		
	10	新着図書のコーナーを設けている		
	11	新着図書以外の展示コーナーを必要に応じて設けている		
貸出	1	小学校のみ記載　：　1年生の貸出開始月はいつですか		月から
	2	閉館中に利用者が資料を返却することができる		
	3	利用者は開館時間中いつでも本が借りられる		

	4	雑誌は貸出可能である（最新号は除く）		
	5	予約サービスをおこなっている		
	6	個人のリクエストでも他の図書館から資料を借りている		
	7	図書館ネットワークで他校からの依頼に積極的に応じている		
レファレンス	1	レファレンスには他の仕事より優先して対応する		
	2	レファレンス記録をとっている		
	3	利用者が相談しやすい雰囲気を作っている		
	4	図書に関する相談のための情報は日頃から集めている		
教育活動への援助	1	教職員への図書館案内をしている		
	2	教職員と図書館利用のための打合せをしている		
	3	児童・生徒への利用者教育を行なっている		
	4	他校や公共図書館から資料を収集している		
	5	資料の別置やブックリストの作成を行なっている		
	6	担任の学習計画に基づいて、読みきかせやブックトークを行なっている		
	7	授業での利用記録をとっている（学級単位利用がわかるもの）		
	8	自校の教育活動に合わせた蔵書構成を心がけている	9類が50%を越えない	
	9	保護者・地域ボランティアを活用している（はいの場合は以下も記入）	団体名	
		◎はいの場合：ボランティア対応は誰が行っていますか	担当者　職名	
		◎はいの場合：活用の際の注意規定はありますか（成分化されている）		
広報	1	利用者が、図書館に親しみやすい雰囲気を作っている		
	2	図書館からのおたよりを月1回程度配布している	年間　　回	
	3	職員向けに図書館だよりをつくっている		
	4	図書館以外の場所にPR掲示をしている		
	5	放送などの手段を使ってPRをしている		
その他	1	パソコンはワイヤーを通して、机などにつなぎ施錠してある		
	2	※図書館に外線に繋がる電話、カラープリンター、コピー機（スキャン機能を含む）がある		
	3	ID・パスワードは、児童・生徒や外部者に分からないように管理されている		
	4	不明図書数について1回目（　）冊：2回目（　）冊：3回以上（　）冊	合計　　　　　冊（100冊以下に）	
行事	1	読書週間（月間・旬間）を行なっている	期間	
	2	朝読書（一斉読書）等を行っている		
	3	講演会・読書集会等の読書行事（イベント）を行なっている		月
		（具体的に：講師名など）		

課題（来年度へ向けて

年度初め：自己評価　　　年度末：自己評価→教育センター提出　　　　　　　市川市立〇〇 学校

出典：「市川市版 学校図書館チェックリスト」（市川市教育委員会）

学校図書館評価表（千葉県教育委員会）

　千葉県教育委員会では，県独自の「学校図書館自己評価表（ベーシックシート・トライアルシート）」により県内小中学校で学校図書館を自己点検を実施している。

＊各中学校において，記入するシートです。　　　　　　　　　　　　　中学校＜ベーシックシート＞

平成〇年度学校図書館自己評価表≪ベーシックシート≫

〇〇市町村立〇〇　中学校　　記載者名（司書教諭・図書館担当教諭など）　　　　〇〇　〇〇

学級数		学校図書館図書標準の定める冊数	
前年度末の学校図書館の蔵書冊数		学校図書館図書標準の達成状況	

		該当欄に〇を付けてください。	達成している	おおむね達成している	達成していない
物的環境	1	学校図書館図書標準が80％以上達成されている	/		/
	2	古い図書を廃棄し，新しい図書に買い換えている	/	/	/
	3	教職員が教材研究等で活用できる図書が整っている	/	/	/
	4	日本十進分類法（NDC）等により図書が分類され，書架が整理されている	/	/	/
	5	掲示物の工夫など，部屋の環境が整っている	/	/	/
人的環境	6	司書教諭，又は図書館担当教諭等としての職責を遂行する時間を確保するため，授業時間数の軽減等校務分掌上の配慮をしている	/	/	/
	7	学校図書館専任（市町村から派遣される学校司書や読書指導員等）の職員が配置されている	/	/	/
	8	生徒が図書委員として活動を行っている	/	/	/
	9	学校の方針のもと，司書教諭等が窓口となりボランティアが読み聞かせや図書整理等の活動をしている	/	/	/
活用	10	生徒の在校中（放課後は含まない）はいつでも開館していて，学校図書館を活用できる	/	/	/
	11	年間指導計画に学校図書館の活用が位置づけられている教科等がある	/		/
	12	各学級・学年とも授業において計画的に学校図書館を活用している	/	/	/
	13	学校図書館の活用方法や約束事が決まっていて生徒に指導している	/	/	/
	14	生徒の学校図書館の活用状況や図書の貸出状況をおおよそ把握している	/		/
意欲の喚起	15	教職員や学校司書，又はボランティア等により読み聞かせや朗読，ブックトーク等読書活動の支援を行っている	/	/	/
	16	推薦図書（県のものや学校独自のもの等）について知らせている	/	/	/
	17	新しく購入した図書について掲示物等で知らせている	/	/	/
外部連携	18	公立図書館から，又は学校間での図書貸し出し等の連携を図っている	/	/	/
	19	保護者会や学校だより等による家庭への読書に対する啓発を行っている	/	/	/
		〇の数の合計	0	0	0

「達成している」の欄に，12項目以上（「1」は必須）〇印が付くよう，改善していきましょう。

平成28年度学校図書館自己評価表≪トライアルシート≫

〇〇市町村立〇〇　中学校　　記載者名（司書教諭・図書館担当教諭など）　　　〇〇　〇〇

学級数		学校図書館図書標準の定める冊数	
27年度末の学校図書館の蔵書冊数		学校図書館図書標準の達成状況	

		該当欄に〇を付けてください。	達成している	おおむね達成している	達成していない
物的環境	1	学校図書館図書標準が達成されている（100％以上である）	／		／
	2	資料価値が低くなった古い図書を廃棄し，新しい図書に買い換えている	／	／	／
	3	教職員が教材研究等で活用できる図書や資料が整っている	／	／	／
	4	生徒が図書を探しやすい書架に工夫されている（書架見出しを付ける等）	／	／	／
	5	掲示物の工夫や採光の十分な確保など，部屋の環境が整っている	／	／	／
	6	蔵書のデータベース化が80％以上進んでいる	／		
	7	本の貸出・返却をコンピュータを使って行っている	／	／	／
	8	定期的に蔵書点検を行っている	／	／	／
人的環境	9	学校図書館専任（市町村から派遣される学校司書や読書指導員等）の職員が週3回以上学校図書館にいる	／	／	／
	10	調べ学習時等，図書案内ができるサポーター（学校司書や読書指導員等）がいる	／	／	／
	11	司書教諭を発令し（11学級以下の学校を含む），職責を遂行する時間を確保するため，授業時間数の軽減等校務分掌上の配慮をしている	／	／	／
	12	生徒が図書委員として活発に活動している	／	／	／
活用	13	学校図書館に係る全体計画（年間読書指導計画等）がある	／	／	／
	14	各教科等の年間指導計画に学校図書館の活用が位置づけられている	／	／	／
	15	年間指導計画に基づいて，各学級・学年とも授業において学校図書館を活用している	／	／	／
	16	学校図書館の活用方法や約束事が決まっていて，各学級へオリエンテーションを行い生徒に指導している	／	／	／
	17	生徒の学校図書館の活用状況や図書の貸出状況の統計を取り，状況を把握している	／	／	／
意欲の喚起	18	読書週間（旬間・月間）など，読書活動を活発化するための行事を設けている	／	／	／
	19	「朝読書」等全校一斉の読書活動を実施している	／	／	／
	20	教職員や学校司書，又はボランティア等により，定期的に読み聞かせや朗読，ブックトーク等読書活動の支援を行っている	／	／	／
	21	新着図書コーナーを設けたり，学校図書館だよりを発行するなど新着図書を知らせている	／	／	／
外部連携	22	公立図書館や学校間との連携を図っている（公立図書館から，又は学校間での図書貸出や公立図書館の司書による読み聞かせや朗読等）	／	／	／
	23	学校図書館に関する広報活動等（HP開設，学校図書館だよりの発行等）を実施し，保護者への啓発を行っている	／	／	／
	24	学校図書館の地域開放（放課後の生徒の利用を含む）を月に1回以上行っている	／	／	／
		〇の数の合計	0	0	0

　「達成している」の欄に，20項目以上（「1」は必須）〇印が付くと，優秀学校図書館と認定されます。

出典：「優良・優秀学校図書館認定事業の推進／千葉県」（千葉県教育委員会）(https://www.pref.chiba.lg.jp/kyouiku/shidou/gakuryoku/suishin.html)

学び方指導体系表等（島根県松江市教育委員会 学校図書館支援センター）

　島根県松江市では教育委員会内に学校図書館支援センターが設けられ，市として小中学校一貫の情報活用能力指導体系表や協働分担表を作成している。それを基に各学校では自校の事情に合わせた体系表や分担表を作成する。

「学び方指導体系表」　～子どもたちの情報リテラシーを育てる～

【学校図書館活用教育】松江市小中一貫基本カリキュラム　　　　　　　　　　　　　　　　　　松江市学校図書館支援センター

現行版 （平成28年度～）			1 小学1年	2 小学2年	3 小学3年	4 小学4年
			前期			
A	知る	図書館の利用	○学校図書館の利用法とマナー、学校司書の存在を知る ・場所、設備、展示物 ・本の借り方返し方を知る	○地域の図書館を利用する ○レファレンスサービスを知り利用する		
B		分類・配架	○本は仲間分けしてあることを知る ○関心のある類について知る		○類を知る（0～9類、絵本）	○ラベルの数字（3桁）の見方を知る
C	見つける	課題の設定	○学習のめあてをもつ ○知りたいことを見つける	○話すこと書くことを選ぶ	○学習計画の立て方を知る ○知りたいことの中から調べることを決める ✿思考ツールを利用する	
D	つかむ	情報の収集	○いろいろな情報源があることを知る	○いろいろな情報源があることを知る	○課題を解決するために自分で資料を集める	○課題を解決するために自分で資料を集める
E		人からの情報	○興味をもって聞く	○人に聞く（マナー） ・短い言葉でメモを取る	○インタビューの仕方を知る ○メモを取る ・事前に質問の内容を決める	○メモの取り方を工夫する ・箇条書き ・話の組み立てを意識する ○アンケートを取る
F		図鑑、辞典、事典、統計資料等の利用	○図鑑にふれる	○図鑑を使う ・目次、（索引）を見る	○国語辞典を使う ○百科事典を使う ・目次、索引を使う ○ガイドブック、パンフレットを使う ○ファイル資料を使う	○漢字辞典を使う
G		図表、絵、写真の利用	○興味のある図、絵、写真を探す ○絵を読み取る	○絵地図を読み取る	○図表、地図、グラフを読み取る ○年表を読み取る	○広告や説明書を読み取る ○地図帳を使う
H		新聞や電子メディア等の利用				○わりつけや見出しを知る ○小学生新聞を読む ・インターネットを利用する
I		出典、引用、著作権、参考資料一覧について	○自分の考えとの人（資料）の考えを区別する	○本の名前と書いた人の名前を書く	○出典について知る ・出版社名を書く	○引用の仕方を知る
J		情報の取り出し	○ワークシートに書く ・書き抜く ○メモに書く	○付箋やカードに書く ・短い言葉や文で書く	○情報カードに書く ○要約する ○あらすじをまとめる	○箇条書きをする ○引用する
K	まとめる	情報の整理	○伝える順序を考える ○情報を比べる	○理由を考える	○一番伝えたいことを決める ○書いてあることを整理する ✿思考ツールを利用する	○まとまりをとらえる ・推敲する ○関係づけて読む
L		まとめ	○感想を入れてまとめる ＊絵カード	○原稿用紙の使い方を知る ＊手紙、クイズ、紹介文	○事実と意見を区別してまとめる ○自分の考えと理由を書く ＊レポート、案内文、説明文、リーフレット、地図	○目的と形式を考えて書く ＊新聞、ブック、意見文、手紙、ポスター ＊ホームページ
M	伝え合う	発表、交流	○いろいろな発表の仕方を知る ＊実物、ペープサート ＊事物の説明、経験の報告、応答、紹介、感想 ○話を集中して聞き話題にそって話し合う	○理由をつけて発表する ＊劇、クイズ、説明 ＊写真、フリップ ○話を集中して聞き話題にそって話し合う	○相手に分かりやすい発表をする ・資料の出し方を工夫する ○考えの共通点や相違点を考えて話し合う ○意見交換をする ＊スピーチ	○役わりを考えて話し合う ＊案内
N		ふり返り（毎時間、単元後）	○学習の過程と結果を活動に応じて評価する			

※学習指導要領及び松江市で使用する教科書を参照して作成しました。指導事項、内容は主に国語の教科書で示されている最初の学年のみ記載しています。
※小中ともに国語科の教科書の指導内容を基本とし、小学校では生活科、社会科（「学び方コーナー」）、理科（「理科の調べ方を身につけよう」）、中学校では地理・歴史（「技能をみがくコーナー」）、公民（「調査の達人コーナー」）、理科（「巻頭・巻末資料」「基礎操作」）、技術・家庭科、英語（「学び方コーナー」）の内容を参考に記載しています。
※学校の実態によって、下の学年で指導することもあります。また、各校の情報教育の指導計画とも照らし合わせて指導をしてください。
※表の内容をどの学習で扱うかは各校の年間指導計画によります。図鑑・辞典・事典の使い方、情報カードの書き方、フリップの作り方、レポートの書き方など「学び方指導の時間」として特設したり、単元の学習の中で活用として扱う等各校で工夫してください。
※表の各セルの指導事項をどの学習で行うかについては、学年ごとに単元・学習例を示した別表があります。（「学び方指導体系表」、「単元・学習例関連表」、「学び方指導体系表の趣旨、改訂の内容、表の見方」は松江市校務GWの共有フォルダ内に入れています）
※表中の○は指導事項、・は内容を示しています。「まとめる」「伝え合う」の欄の*印は言語活動例をあげています。
※「✿思考ツール」は、授業のねらいに合わせて選択し、探究的な学習の様々な場面で適切に取り入れてください。　例：ベン図、Xチャート、くま手図、ピラミッド図、ボーン図、座標軸、マッピング、フローチャート、ウェビング、KJ法　etc.
※総合的な学習の時間では、上記A〜Nを意識的に取り入れた指導を心がけてください。　　※中学校の教科書での最初の学年を記載していますので、小学校との重複があります。

5	6	7	8	9
	中期		後期	
小学5年	小学6年	中学1年	中学2年	中学3年
	○地域の図書館、歴史資料館、郷土資料館、科学館、美術館等を活用する ・コンピューター検索	○図書館、博物館、科学館、植物園等を活用する		
○日本十進分類法（NDC）を知る ・請求記号の見方を知る	○類を覚える（0〜9類）	○日本十進分類法（NDC）を理解する	○日本十進分類法（NDC）を理解する	
○学習計画を立てる ○連想から発想を広げる		○目的と相手を明らかにする ✿思考ツールを利用する	○立場を整理する	○場面と相手と目的を意識する ○社会生活の中から課題設定をする ○ブレーンストーミングをする
○課題に応じて資料や情報を集める ○多面的に考える	○課題に応じて複数の資料や情報を集める ○情報の特性を知る	○観点を立て、情報を集める ・マッピングの利用 ○情報の集め方を考える	○情報メモを書く ○多様な方法で情報を集める ○複数の情報源で調べ、比べる	○説得力のある資料を集める
・質問の答えの予測をたてる	○聞き取り調査をする ○取材をする	○情報を的確に聞き取る ・要点を押さえてメモを取る ・録音、撮影 ・インタビューやアンケートを行う	○要点を整理して聞き取る ・インタビューの依頼文を書く	
○年鑑を使う ○白書や統計資料集を使う	○分野別事典を使う	・国語、漢和、類語、古語辞典、ことわざ、慣用句、英和辞典 ・百科事典　　・地図帳 ・題名、副題、キャッチコピー、目次、索引、引用、奥付	・系図、しくみ図、絵巻物	
○題やキャプションを活用する ○地球儀を使う	○複数の資料を活用する ○年表を活用する	○図表の役割を考えて活用する ・地図帳、写真、雨温図、主題図、地球儀、人口ピラミッド	・地形図 ・天気図	
○記事を読み比べ、書き手の意図を読み取る ・記事の構成、写真の役割 ○メディアの特徴を知る ・メディア・リテラシーを身につける ○気象情報を得る	○説得の工夫を読み取る	○新聞の紙面構成の特徴を知る ・リード文、コラム、キャプション ○インターネットを利用する ・ウェブサイト、著作権、電子メール ○情報モラルを知る	○新聞記事を比べる ○メディアによる情報の特徴を考える	○新聞の社説を比較する ○現代のメディアの特徴を知り、情報発信の意義と注意点を知る
○参考資料一覧を知る ○奥付を見る	○著作権を知る	・コピー、出典、アドレス、著作権、引用 ・本に関する基本情報	○著作権を知る	
○要旨をとらえる		○カードや付箋に書き出す ○要約する ○要旨をとらえる		○取材メモを作る ○論説を比較し評価する ○適切な引用をする
○情報カードを活用する ・取捨選択、順序、構成を考える ○適切な事例や資料をあげる	○複数の情報を効果的に活用する ○項目ごとに整理する	○情報カードを活用する ○構成メモを作る ○根拠を明確にする ○内容や構成、順序を工夫する ✿思考ツールを利用する	○情報を分類・整理する ○進行案を作る ○意見と根拠を考える	○編集をする ・見出し、キャッチコピー ○観点を立てて分析する
○目的に合わせた方法を選んでまとめる ○目的に合わせて事実と考えや感想を区別してまとめる *感想文、報告文、依頼文 *農業ごみм、関係図	○目的に合わせた方法を選んでまとめる ○目的に合わせて事実と考えや感想を区別してまとめる ○自分の考えを持つ *投書、随筆	○著作権に留意する ○推敲をする ○原稿用紙の使い方を身につける *記録、案内、鑑賞、通信、読書感想文 *レポート、スピーチメモ、ポスター *プレゼンテーションソフト	○自分の考えをまとめる ○紙面構成を考える ○説明の仕方を工夫する ○表現や構成を工夫する *職業ガイド、読書案内、手紙、意見文	○相手の反応に応じられるよう内容を複数準備する ○文章の形態や素材を考える ○論理の展開を考える *推薦、報道文、批評文、冊子
○要旨を意識する ○考えを正しく聞き取る ○資料を活用して説明する *ポスターセッション、討論、助言、提案、推薦、演説会 ○立場や意図をはっきりさせて計画的に話し合う	○発言の意図を明確にする ○意見と理由とのつながりを考えながら聞く ○問題を解決するために話し合う *プレゼンテーション *外部の人へ発表会	○反応を確かめ、言い換え、付け足しする ○わかりやすい発表や説明をする ○話題や方向を考えて話し合う *スピーチ、グループ・ディスカッション、ポスターセッション	○助言し合う ○考えを広げる ○プレゼンテーションをする ○相手の話を要約したり、言い換えたりして発言する ○提案をする *フリップ、プレゼンテーション、パネルディスカッション、報告書	○助言し合い、表現に生かす ○発言を評価する *評価メモ ○相手や目的に応じたスピーチをする ○情報発信について話し合う *全体会議、発表、シンポジウム、ディベート

出典：「学び方指導体系表〜子どもたちの情報リテラシーを育てる〜」（島根県・松江市教育委員会　学校図書館支援センター　）

学校図書館活用教育に関わる教職員、ボランティアの協働・分担表（例）

松江市学校図書館支援センター作成

◎主　　○副

	職 務 内 容	司書教諭	学校司書	教員	ボランティア
Ⅰ 経営的な職務（計画類・会計・統計調査・記録・施設設備・研修）	○全体計画の立案	◎			
	○経営方針、図書館行事等の運営計画の立案	◎	○		
	○図書館活動の年間スケジュールの作成	◎	○		
	○図書館資料の収集方針、選定・廃棄基準の策定	◎	○		
	○運営委員会の開催	◎	○		
	○教職員への図書館オリエンテーション	◎	○		
	○図書館案内教師用作成（図書館の活用、司書教諭の役割、学校司書の業務）	○	◎		
	○図書館案内児童生徒用作成	○	◎		
	○報告、連絡、相談（校長、教頭、校内組織）	◎	○		
	○会計（図書館資料、備品、消耗品の購入計画）	◎	○		
	○統計（図書館利用活用統計）	○	◎		
	○記録（図書館運営全般）	◎	○		
	（図書館日誌）	○	◎		
	（松江市学校司書業務報告書）	○	◎		
	○各種調査の回答（国、県、市等）	◎	○		
	○学校評価の実施（職員、児童生徒・保護者）	◎		○	
	○設備、備品の管理、整備	◎	◎		
	○研修会への参加（松江市主催、島根県主催）	◎	◎		
	○図書館との連携（市内の学校図書館）	○	◎		
	（公共図書館）	○	◎	○	
	（おはなし会の計画と連絡）	◎			
	○公民館や記念館等との連携		◎	○	
Ⅱ 技術的職務（蔵書管理・図書館資料）	○図書館資料の選定委員会開催	◎			
	・蔵書の日常的把握（必要な資料、不足している資料）	○	◎	○	
	・選書候補のリスト作成		◎		
	・購入図書の選定　　　　　　　　＊要校長の許諾	◎	◎	○	
	○図書の発注		◎		
	○受け入れ作業（検収、分類、データ入力）		◎		
	（装備、配架）		◎		○
	○蔵書点検、不明図書一覧作成	○	◎		
	○図書の修理・製本		◎		○
	○図書の払い出し（除籍・廃棄図書の決定）＊要校長の許諾	◎	◎		
	（除籍・廃棄図書の処理）		◎		
	○図書以外の資料の収集・整備（パンフレット、リーフレット）	○	◎	○	
	○新聞の配備、ファイル資料作成		◎		○

※この表は、山形県鶴岡市立朝暘第一小学校編著（2003）『こうすれば子どもが育つ学校が変わる』国土社を参考に松江市学校図書館支援センターが作成

	職 務 内 容	司書教諭	学校司書	教員	ボランティア
Ⅲ 奉仕的活動〔閲覧・貸出・情報提供・資料相談・読書相談・広報・ボランティアとの連携〕	○館内閲覧、貸出		◎		
	・利用者登録、貸出カードの管理		◎	○	
	○図書館の整理、環境整備（書架、展示コーナー）		◎		○
	○授業への情報提供と協力	◎	◎		
	○資料相談、読書相談、図書の紹介	◎	◎		
	○掲示（館内、廊下等）		◎		
	○校内放送	◎			
	○図書館だより（児童向け 教室版）		◎		
	（教職員向け 職員室版）	◎			
	（保護者向け 家庭版）	◎	○	○	
	○ボランティアへの協力依頼立案	◎			
	・読み聞かせボランティア（計画、連絡、実施）	○	◎	○	◎
	・図書館整備ボランティア（計画、連絡、実施）	○	◎		◎
Ⅳ 教育指導的活動〔学習指導・研究活動への支援・児童委員指導・図書館活動や行事〕	○学び方指導体系表活用への啓発	◎			
	○学校図書館活用教育年間指導計画作成	◎		○	
	○読書指導や情報活用能力の指導を入れた学級経営案や各教科等の年間指導計画作成	◎		○	
	○校内研修、作業の企画運営	◎	○		
	○教育課程展開、校内研究協力	◎	○	◎	
	○図書館を活用した利用実績年間カレンダー作成		◎		
	○学習指導全般	◎			
	・情報提供、助言、相談	◎	◎		
	・資料提供、資料リスト作成、資料の評価	○	◎	○	
	・パスファインダーの作成	○	◎		
	・利用指導、オリエンテーション	○	◎	○	
	・情報活用指導（図書館クイズ、分類、図鑑、辞典,事典、年鑑、情報カード等）	◎	○	○	
	・読書指導（ストーリーテリング、ブックトーク、アニマシオン等）	◎	◎	○	○
	（各学年のおすすめの本の取組）	○	○	○	
	（おすすめの本のリスト作成とコーナーの設置）		◎		
	○朝読書の実施	○		◎	
	○図書館に常備する情報カード、ワークシート類の補充		◎		
	○日常的な図書館マナーの指導	○	○	◎	
	○感想文、感想画（とりまとめ、資料提供、指導）	◎	○	◎	
	○児童委員会への指導	◎	○		
	○行事等（子ども読書の日、子ども読書週間での啓発）	◎	○	○	
	（親子読書）	◎	○	◎	
	（図書館祭り）	○	◎	○	

＊ 協働・分担は学校の実態や司書教諭や学校司書の勤務形態、経験によっても異なりますので、柔軟に計画してください。
＊ 計画立案、図書館資料の収集方針案等の作成にあたっては、司書教諭と学校司書が中心となりますが、教職員の意見等を聞きながら計画し、実施、評価を行いながらすすめます。
＊ 司書教諭が複数発令されている場合や、各学年に図書館担当があり図書館部がある場合は、さらに分担を相談します。

出典：「学校図書館活用教育に関わる教職員、ボランティアの協働・分担表（例）」（島根県・松江市教育委員会 学校図書館支援センター ）

　また，学校図書館支援センターから各学校に対して司書教諭の時数軽減依頼を出し，各学校からは学校司書活動報告書を提出させている。

事務連絡
平成 30 年 3 月 23 日

松江市立小中学校長　様

松江市教育委員会
学校図書館支援センター長
（学校教育課）

司書教諭の活動時間への校務分掌上の配慮について（お願い）

　松江市では学校司書の全校配置を行っており，司書教諭と連携・協働して校内へ働きかけ，教職員の共通理解に基づく学校図書館活用教育を推進しているところです。
　司書教諭には学校図書館運営の総括をはじめ，読書力や情報活用能力を育成する授業を進めていく職務があり，そのため，授業について教員への助言や相談，学校司書との打ち合わせ等を行う必要があります。ついては，貴校において次年度の校内体制を検討するにあたり，司書教諭の活動時間確保へも配慮をお願いいたします。

参考資料
○学校図書館の整備充実について（通知）文部科学省（平成 28 年 11 月 29 日）より

> 2　教育委員会等における取組
> (2)　司書教諭については，学校図書館法における司書教諭の配置に関する規定に基づき，12 学級以上の学校に必ず司書教諭を配置することを徹底する必要があること。加えて，司書教諭が学校図書館に関する業務により専念できるよう，校務分掌上の工夫に取り組むとともに，11 学級以下の学校における配置の推進にも積極的に取り組むことが重要であること。

http://www.mext.go.jp/a_menu/shotou/dokusho/link/1380597.htm

　＊文部科学省から示された「学校図書館ガイドライン」は今年度の全体研修会でも配付しています。
　　また，校務 GW 全体共有フォルダ（学校図書館支援センター）にも入れています。

○平成 29 年度松江市学校図書館活用教育実態調査結果（事務連絡平成 29 年 8 月 10 日）

（担当）学校教育課　指導研修係
　　　　　　　　川上　淳一
TEL　　55-5417
FAX　　55-5251

出典：「司書教の活動時間への後部分掌上の配慮について（お願い）」（島根県・松江市教育委員会 学校図書館支援センター ）

FAX 送信票

平成 30 年度学校図書館運営説明会　参加者報告書

学 校 名	学校
報告者名	

※ A 管理職、B 司書教諭（図書館担当者）の方へ
　　本説明会既受講者であっても、各校 A,B の立場から 1 名は参加願います。

【A 管理職】

氏　名（職名）	校長・教頭

※平成30年度転入管理職、本説明会未受講の管理職はご参加ください。

【B 司書教諭又は図書館担当者】

氏　名（職名）	司書教諭・図書館担当

※平成30年度松江市新規発令司書教諭、本説明会未受講の司書教諭、担当者はご参加ください。

【C 学校司書】

氏　名

※学校司書は全員ご参加ください。

- -

〇司書教諭、図書館担当者の状況について、次の各欄にご記入ください。

発令司書教諭名	職務にあたる時間 （週あたり授業時間内のコマ数）	担任学年	〇〇科担任、少人数担当等
	時間		
	時間		
	時間		

※発令司書教諭は全員記入してください。発令されているかどうか校長に確認をしてください。

※職務にあたる授業時数には、司書教諭業務を行う週あたりの軽減授業コマ数を記入してください。

発令司書教諭名	職務にあたる時間 （週あたり授業時間内のコマ数）	担任学年	〇〇科担任、少人数担当等

※司書教諭講習修了者が不在で発令ができない場合は図書館担当者欄に記入してください。

報告締切　平成30年4月6日（金）厳守

提出先　
松江市教育委員会　学校教育課 学校図書館支援センター　FAX　55－5251

出典：「平成30年度学校図書館運営説明会　参加報告書」（島根県・松江市教育委員会 学校図書館支援センター ）

2018年度版

H30年度版　学校司書業務報告書（　　　月）

学校番号	学校名		開館日数	確認印
			日	

司書教諭名（図書館の担当教諭）		学校司書名		校長
	印		印	

クラス数		児童・生徒数		職員数		
	学級		名		名	教頭

蔵書冊数		貸出冊数		（1人あたり）	
	冊		冊		冊

図書館を活用した教科等の時数

合計時数	国語		理科		図工美術		道徳		外国語活動	
1クラスあたり時数	社会		生活		技術家庭		特別活動		英語	
（内クラス貸出回数）　　回	算数数学		音楽		体育		総合的な学習の時間		その他（コメント参照）	

相互貸借	公図から借受冊数		うち物流利用	公図➤物流で借受		他校へ➤物流で貸出		今年度配分箱数	
		冊			冊		冊	今月使用箱数	
	他校への貸出冊数			物流で返却➤公図		物流で返却➤他校		4月からの使用箱数	
		冊			冊		冊	残り箱数	

活動内容（学習支援や読書支援で学校司書がどう関わったか）

学習支援

・打ち合わせ

・資料提供

・授業補助

読書支援

その他

活動を通しての気づき

※業務報告書の本書は支援センターへボックス便で提出　＊電子データは司書メールで送信

出典：「H30年度版　学校司書活動報告書」（島根県・松江市教育委員会　学校図書館支援センター ）

予算要求のフロー等（文部科学省）

　学校図書館の整備のための予算要求には現状把握と計画が必要である。予算要求のフローが，「みんなで使おう！学校図書館」（文部科学省）に説明されている。また，平成29年度からの5年間を期間とする新しい「学校図書館図書整備等5か年計画」も策定された。

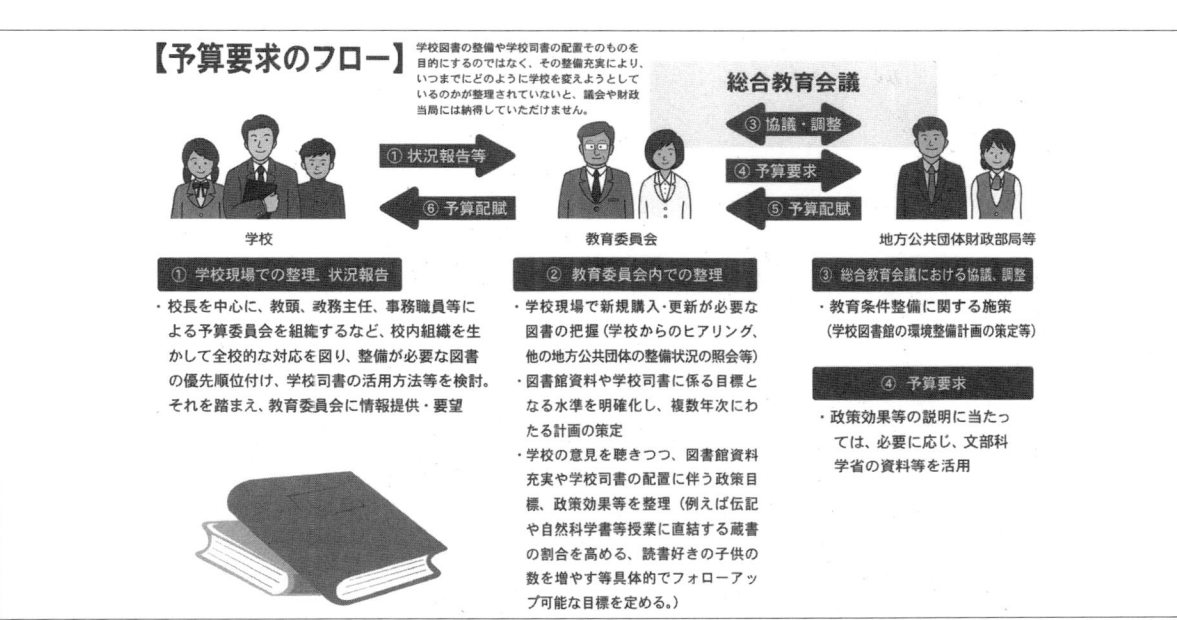

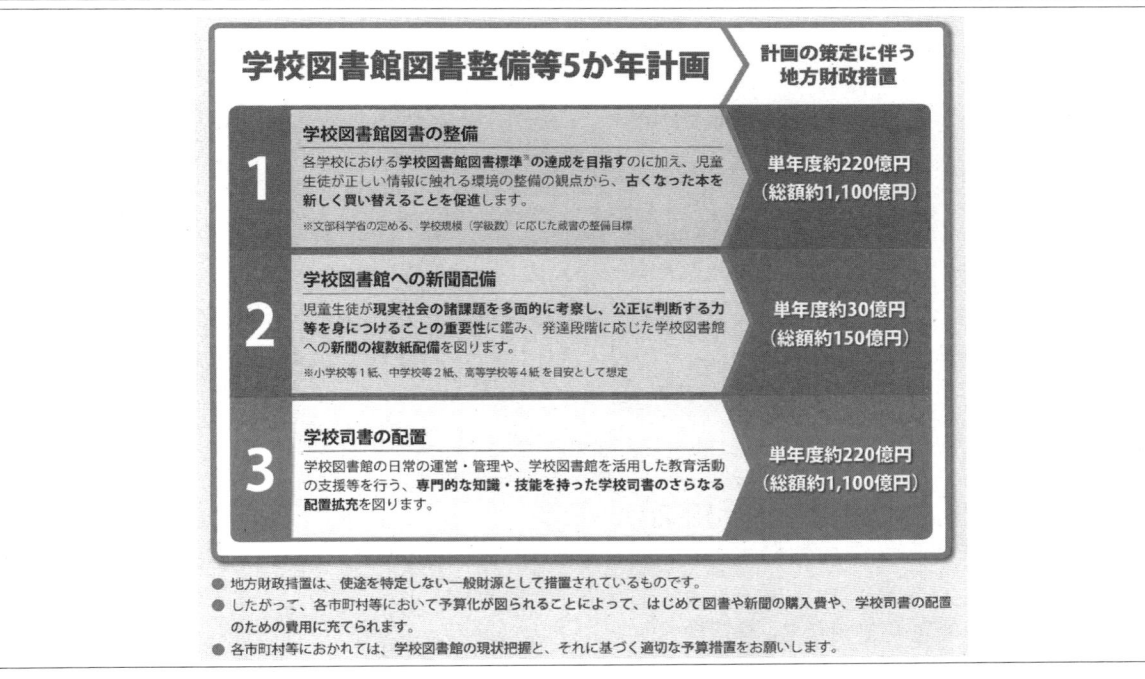

出典：「みんなで使おう！学校図書館」（文部科学省）(http://www.mext.go.jp/component/a_menu/education/micro_detail/__icsFiles/afieldfile/2017/03/17/1360321_1.pdf) および
　　『学校図書館をもっと身近で使いやすく』（文部科学省）(http://www.mext.go.jp/component/a_menu/education/micro_detail/__icsFiles/afieldfile/2017/03/22/1360321_4.pdf)

巻末資料リスト

【指針・報告書等】

1）「学校図書館法」

　1953 年に議員立法により制定された学校図書館に関する法律。当初は第 1 章「総則」，第 2 章「学校図書館審議会」，第 3 章「国の負担」から成っていたが，現在は第 1 章のみである。学校図書館法は 1997 年の改正により司書教諭が 12 学級以上の学校で必置となり，2014 年の改正により「学校司書」が明記され，その配置は努力義務とされた。

2）「学校施設整備指針」　　文部科学省

　学校教育を進める上で必要な施設機能を確保するために，計画及び設計における留意事項を示したもので，「幼稚園」「小学校」「中学校」「高等学校」「特別支援学校」の各整備指針が示されている。

　(http://www.mext.go.jp/a_menu/shisetu/seibi/main7_a12.htm)

3）「学校図書館に関する調査研究協力者会議の報告及び通知」　　文部科学省

「これからの学校図書館担当職員に求められる役割・職務及びその資質能力の向上方策等について（報告）」2014.3

　学校図書館担当職員の職務を，①「間接的支援」に関する職務，②「直接的支援」に関する職務，③「教育指導への支援」に関する職務に分けて示した。学校図書館法改正前（2014.6）の報告書のため「学校司書」ではなく「学校図書館担当職員」と呼ばれている。本報告書の後半に全国から提出された学校図書館活用事例の中から 14 例が紹介されている。

　(http://www.mext.go.jp/component/b_menu/shingi/toushin/__icsFiles/afieldfile/2014/04/01/1346119_2.pdf#search=%27E3%81%93%E3%82%8C%E3%81%8B%E3%82%89%E3%81%AE%E5%AD%A6%E6%A0%A1%E5%9B%B3%E6%9B%B8%E9%A4%A8%E6%8B%85%E5%BD%93%E8%81%B7%E5%93%A1%E3%81%AB%E6%B1%82%E3%82%81%E3%82%89%E3%82%8C%E3%82%8B%27)

「これからの学校図書館の整備充実について（報告）」2016.10

　「学校教育と学校図書館に関する基本的な考え方」や「学校図書館の現状と課題、改善の方向性」，「学校司書の資格・養成の在り方」等について述べ，「学校図書館ガイドライン」と「学校司書のモデルカリキュラム」を提案した。

　(www.mext.go.jp/a_menu/shotou/dokusho/link/__icsFiles/.../1380597_02_1.pdf)

「学校図書館の整備充実ついて（通知）」2016.11.29

　「これからの学校図書館の整備充実について（報告）」を踏まえ，「学校図書館ガイドライン」と「学校司書のモデルカリキュラム」を定めたことを通知した。「教育委員会等における取組」と「学校における取組」が述べられている。

　(http://www.mext.go.jp/a_menu/shotou/dokusho/link/1380597.htm)

4）学習指導要領

各学校種の「学習指導要領」や「学習指導要領解説」のほか例えば次のような文書も参考になる。

「新しい学習指導要領の考え方」文部科学省　2017

(www.mext.go.jp/a_menu/shotou/new-cs/__icsFiles/afieldfile/2017/09/28/1396716_1.pdf)

「幼稚園、小学校、中学校、高等学校及び特別支援学校の学習指導要領等の改善及び必要な方策等について」文部科学省　2016

(http://www.mext.go.jp/b_meru/shingi/chukyo/chukyo0/toushin/1380731.htm)

5）全国学校図書館協議会の基準

全国学校図書館協議会では，「学校図書館施設基準」(1990)，「学校図書館メディア基準」(2000)，「学校図書館資料選定基準」(2008 改訂)，「学校図書館廃棄基準」(1993) など各種基準を制定している。

(http://www.j-sla.or.jp/material/index.html)

6）荒川区学校図書館支援事業

「学校図書館担当職員の役割及びその資質の向上に関する調査研究協力者会議」(2013 年 10 月開催)において発表された荒川区教育委員会学校図書館支援室の事業に関するプレゼン資料。荒川区は平成 18 年度からすべての教科で図書館授業を実施，平成 21 年度からは図書館を活用したコラボレーション授業を全教科で実施している。平成 22 年度からは ICT 機器活用とのコラボ授業を実施している。

(http://www.mext.go.jp/b_nenu/shingi/chousa/shotou/099/shiryo/__icsFiles/afieldfile/2013/12/11/1341863_2.pdf#search=%27%E8%8D%92%E5%B7%9D%E5%8C%BA+%E5%AD%A6%E6%A0%A1%E5%9B%B3%E6%9B%B8%E9%A4%A8%E6%94%AF%E6%8F%B4%E3%82%BB%E3%83%B3%E3%82%BF%E3%83%BC%27)

【おすすめ文献】

役に立つ学校図書館関連の図書はたくさんあります。以下は執筆に際して参考にしたものです。

○五十嵐絹子著（2008）『子どもが本好きになる瞬間　学校図書館で見つけた元気がでる話』国土社　1700 円＋税

○五十嵐絹子, 藤田利江編著（2012）『学校図書館から教育を変える　学校司書たちの開拓記』,（2013）『Ⅱ学校図書館の力を活かす』,（2014）『Ⅲ学びを拓く授業モデル』国土社　すべて 1900 円＋税

○門脇久美子［ほか］著（2014）『学校図書館は何ができるのか？その可能性に迫る：小・中・高等学校の学校司書 3 人の仕事から学ぶ』国土社　2000 円＋税

○鎌田和宏著（2016）『入門情報リテラシーを育てる授業づくり　教室・学校図書館・ネット空間を結んで』少年写真新聞社　1500 円＋税

○桑田てるみ監修（2012）『鍛えよう！読むチカラ：学校図書館で育てる 25 の方法』明治書院　1800 円＋税

○塩谷京子編著（2016）『すぐ実践できる情報スキル５０　学校図書館を活用して育む基礎力』

　ミネルヴァ書房　2200円＋税

○全国学校図書館協議会監修（2017）『司書教諭・学校司書のための学校図書館必携　理論と実践』改訂版　悠光堂　4200円＋税

○成田康子著（2012）『みんなでつくろう学校図書館』（岩波ジュニア新書）岩波書店　820円＋税

○野口武悟，成松一郎編著（2015）『多様性と出会う学校図書館一人ひとりの自立を支える合理的配慮へのアプローチ』読書工房　1800円＋税

○堀川照代・塩谷京子編著（2016）『学習指導と学校図書館』改訂新版　放送大学教育振会　3000円＋税

○山形県鶴岡市立朝暘第一小学校編著（2003）『こうすれば子どもが育つ学校が変わる（学校図書館活用教育ハンドブック）』国土社　2500円＋税

○山形県鶴岡市立朝暘第一小学校編著（2006）『みつける　つかむ　つたえあう　学校図書館を活用した授業の創造（学校図書館活用教育ハンドブック）』国土社　2400円＋税

【参考Webサイト】

1）司書教諭，学校司書，教員に役立つサイト

①文部科学省＞学校図書館

　「学校図書館に関する資料・事業の取組」「学校図書館の現状に関する調査」「学校図書館に関する審議会情報」などの情報を提供している。

　（http://www.mext.go.jp/a_menu/shotou/dokusho/index.htm）

②カレントアウェアネス・ポータル（サイト内検索で「学校図書館」）

　図書館界、図書館情報学に関する国内外の動向を示し最新の情報を提供する国立国会図書館作成のサイト。

　（http://current.ndl.go.jp/）

③子ども読書の情報館

　子ども読書推進のための文部科学省のサイト。「本を探す」「応援ブログ」「全国の取組事例」「文部科学省発表データ」に分かれている。

　（http://www.kodomodokusyo.go.jp/happyou/sites.html）

④国立国会図書館国際子ども図書館＞子どもの読書活動推進

　「国際子ども図書館子どもの読書活動推進支援計画」、「国際子ども図書館の取組」、「国内の子ども読書活動推進に関する情報」を提供している。

　（http://www.kodomo.go.jp/promote/index.html）

⑤全国学校図書館協議会

　「図書館に役立つ資料」（全国SLA制定各種基準，調査・研究，コンクール関連情報）や「セミナー・研究会」などの情報を提供している。

　（http://www.j-sla.or.jp/）

⑥「先生のための授業に役立つ学校図書館活用データベース」学芸大学学校図書館運営専門委員会

　学年や教科別に検索できる「授業事例」や「テーマ別ブックリスト」を提供したり，「授業と学校図書館」，「読書・情報リテラシー」等の事例を紹介したりしている。

（http://www.u-gakugei.ac.jp/~schoolib/htdocs/index.php?page_id=0）

２）学習に役立つサイト（2018年4月3日現在，門脇久美子氏作成）

① NHK　for　School

　さまざまな各教科の指導のねらいにふさわしい内容が多い。動画再生時間もコンパクトにまと　められていて、授業で活用しやすい。理科の実験などのコンテンツは授業に欠席した児童生徒に個別に見せることで、遅れを取り戻せるなどの活用方法もある。

（http://www.nhk.or.jp/school/teacher/）

②政府広報オンライン　キッズページリンク集

　内閣府はじめ、関係各省庁のキッズページが集約されている。

（https://www.gov-online.go.jp/kids/）

③国立国会図書館キッズページ

　公共図書館、国の機関、美術館・博物館のページがある。公立図書館のページでは、身近な地域の調べ学習に役立つサイトが充実しているところもある。

（http://www.kodomo.go.jp/kids/）

④国土地理院

　社会科、総合的な学習の時間など地域の事を学習する際、有効活用できるデータが充実している。

（http://www.gsi.go.jp/CHIRIKYOUIKU/index.html）

⑤国土地理院　子どものページ

　中学年・高学年・中学生向け。地図の基本情報などが学べる

（http://www.gsi.go.jp/KIDS/index.html）

⑥グーグルアース

　Google Chrome をダウンロードし、世界中どこでもバーチャルな旅ができる。

（https://www.google.co.jp/intl/ja/earth/）

⑦国立天文台

　星空情報、暦情報、最新の天文情報を得ることができる。

（https://www.nao.ac.jp/astro/）

⑧スマイルプラネット

　特別な支援を要する児童生徒への教材が充実している。

（http://www.smileplanet.net）

学校図書館整備・活用の現状とその改善に向けて

1．はじめに

1992年に学校図書館悉皆調査が実施され，当時の蔵書を1.5倍の冊数にすべく1993年に学校図書館図書標準が定められ，同年，「学校図書館整備新5か年計画」が開始された。5か年計画はその後も継続し，現在までに24年間が経過した。この間，学校図書館の整備・活用はどれほど進んだであろうか。

1997年に学校図書館法が改正され，2003年度以降は12学級以上の学校で司書教諭が必置となった。2014年6月の学校図書館法一部改正では，新たな条項に「学校司書」という職名が明記され，その配置は努力義務とされた。現在，学校司書の配置が少しずつ進んできており，その養成のモデルカリキュラムも発表された。しかし，学校図書館の利活用が教育現場から必須なものとして求められているかと問われれば，首肯できるとは言い難いのが現実である。

以下では，この学校図書館の置かれている現状とその背景にあるものを整理し，改善の道を探りたいと思う。

2．学校図書館整備・活用の全国的格差

文科省の「学校図書館の現状に関する調査」の2016年度調査結果[1]から学校図書館図書標準達成率と司書教諭発令率，学校司書の配置率をとりあげてみても，全国的に格差があるのは歴然としている。

（1）学校図書館図書標準達成率

学校図書館図書標準を達成している学校の割合は，小学校66.4%，中学校55.3%である。図書標準を達成している学校数の当該自治体の全学校数に占める割合を都道府県別にみると，小学校では35.2%〜98.1%，中学校では17.7%〜88.6%と幅があり，小中学校とも図書標準達成率が60%以上は47都道府県中20件，80%以上は2件という状況である。

（2）司書教諭発令率

司書教諭の発令率は12学級以上の学校では公立学校は100%近いが私立は小中高校とも90%に満たない。12学級未満の学校を含めた全学校では小学校68.0%，中学校65.0%，高等学校84.5%である。公立学校において，11学級以下の学校の司書教諭配置率を都道府県別にみると，小学校0.8%〜100%，中学校2.4%〜100%，高等学校0.0%〜100%と大きな差がある。

（3）学校司書の配置率

　学校司書の配置は「置くよう努めなければならない」と努力義務となっているが，その配置率は小学校 59.2%，中学校 58.2%，高等学校 66.6%である。これも公立学校の配置率を都道府県別にみると，小学校 5.5%〜99.5%，中学校 3.8%〜100%，高等学校 2.2%〜100%とやはり大きな差がみられる。この配置率の差は当然，学校図書館利活用の差となって現れる。

（4）自治体の取組み

　1995 年以降に始まった「学校図書館情報化・活性化推進モデル地域事業」などの文科省（旧文部省）の学校図書館関連の諸事業により学校図書館を整備し活性化してきた自治体は少なくない。なかでも千葉県市川市や袖ケ浦市は計画的に学校図書館の整備を進めて全国の実践を牽引してきた。また，文科省は「子供の読書活動優秀実践校・図書館・団体」の表彰により全国の実践を促進してきた。民間においても，図書館振興財団の「図書館を使った調べる学習コンクール」や全国学校図書館協議会の「学校図書館賞」，西日本新聞社の「全九州学校図書館活用コンクール」などが各地の実践を後押ししてきた。

　現在，自治体では，学校図書館ネットワークの構築，学校図書館支援センターの設置，司書教諭や学校司書のためのハンドブックやマニュアルの発行，司書教諭や学校司書ための研修会，学校図書館活性化のための Web ページの開設，「学校図書館ビジョン」の策定などが見られる。

　県や市町村レベルで学校図書館活用に力を入れている自治体が目立ってきたが，一方では，行政内で理解を得るのが難しく，学校司書配置後の検証に苦慮したり，学校図書館担当者が学校教育課ではなく生涯学習課であるために動きにくかったりする場合がある。担当者が異動により 2，3 年で交代するために行政的な蓄積が望めない自治体も少なくない。

3．学校図書館整備・活用の格差の背景とその改善へ向けて
（1）司書教諭の役割および学校図書館の意義の認識不足と伝達不足

　2003 年に 12 学級以上の学校へ司書教諭が必置となったが，その年の司書教諭には勢いがあった。朝礼や PTA 総会で司書教諭として紹介してもらった，学校間での電話では「司書教諭の〇〇先生をお願いします」と「司書教諭」を連呼した，などと話に聞く。同年夏の全国研修会では，「司書教諭は何をしたらよいのか」というフロアからの問いに，「学校図書館を教育課程に位置付けること」と同じフロアから明解な回答があったのを覚えている。その後も，時数軽減措置を校長に直接申し出た，情報教育を統括している，などの実力ある司書教諭の活躍を耳にした。しかし，こうした司書教諭の活躍は孤軍奮闘の「点」の動きであったといえる。

　全国的には，専任ではないために忙しく，司書教諭としての職務を遂行できない司書教諭がこれまでも現在でも多い。学校司書の配置が少し進んできた現在，学校図書館のことは学校司書に任せておけばよいという風潮が見られるのは大変遺憾である。この背景には司書教諭自身

が司書教諭としての責任を認識していないことがある。校内の同僚に学校図書館活用の意義を伝えることができない司書教諭が多い。これは，司書教諭養成の問題である。現司書教諭を対象にリカレント教育を行い，学校図書館利活用の意義や探究的な学びの理論と指導法などの知識や技術を身に付けてもらわなければならない。

（2）司書教諭の資格取得時期による軽減措置と科目内容

　司書教諭資格取得のための科目は 1998 年の司書教諭講習規程の一部改正により，1999 年 4 月以降，5 科目 10 単位（「学校経営と学校図書館」「学校図書館メディアの構成」「学習指導と学校図書館」「読書と豊かな人間性」「情報メディアの活用」，各 2 単位）となった。これには 1999 年 4 月から 2003 年 3 月までを経過置期間として実務経験による単位軽減措置がとられた。すなわち司書教諭に相当する職務に 2 年以上従事した者は「学校経営と学校図書館」と「学校図書館メディアの構成」を除いた 3 科目が修得したものとみなされ，4 年以上従事した者は「学校図書館メディアの構成」を除いた 4 科目が修得したものとしてみなされたのである。

　これ以前の旧課程は，「学校図書館通論」「学校図書館の管理と運用」「図書の選択」「図書の整理」「図書以外の資料の利用」「児童生徒の読書活動」「学校図書館の利用指導」の 7 科目 8 単位であった。「図書の整理」が 2 単位のほかは 1 単位である。この旧課程においては，2 年以上司書教諭に相当する職務に従事した者は「学校図書館通論」「学校図書館の管理と運用」「図書の選択」「児童生徒の読書活動」の科目が修得したものとみなされ，4 年以上従事した者はさらに「図書以外の資料の利用」と「学校図書館の利用指導」が修得したものとみなされた。つまり，旧課程では 4 年以上の経験がある者は「図書の整理」（2 単位）のみで司書教諭資格が取得できたのである。旧課程では「図書の整理」を，現課程では「学校図書館メディアの構成」という資料の組織化に関する科目だけを学び，教科との連携や学習指導・読書指導などについて全く学ぶことなく資格を取得した現司書教諭はどれほどいるのであろうか。

　また，旧課程の内容では当然ながら探究的な学習等については触れられていない。教科横断的な基礎学力としての情報活用能力の育成など，現在の学習指導の内容に沿った司書教諭の知識・技術について学ぶ機会のなかった現司書教諭がどれくらいの割合で存在するのだろうか。

（3）司書教諭のリカレント教育企画のための情報の必要性

　上述したことから明らかなように，司書教諭のリカレント教育が必須である。このリカレント教育は自治体の研修として実施したり，教員免許更新講習に含めたりすることができよう。しかし自治体において司書教諭研修を企画する担当係は前述したように異動によって数年で交代する傾向にあり学校図書館の専門知識を持っていないことが多い。そのために，例えば国立教育政策研究所が経験レベルに即した系統的な研修内容を提示したり系統的研修プログラムを提供したり，各地の研修実践データを蓄積して提供したりするなど，各自治体の研修企画・実

践に役立つ情報が提供される仕組みが望まれる。

（4）学校司書の配置形態と業務内容の幅の大きさ

　学校司書の配置形態や業務内容にも全国的に大きな幅がある。自治体によって配置状況はさまざまであり類型化は難しいが，下表は3段階に分けて例示してみたものである。

段階	配置・業務形態　例	業務内容　例
A	・公共図書館職員が訪問して学校図書館を整備する ・学校司書が巡回する　　・数校兼務する ・週に2〜3日，1日4〜5時間勤務	・学校図書館の環境整備 ・図書の整理　　・貸出返却 ・児童生徒への対応 ・司書教諭や図書主任の補助的
B	・ひとり1校担当，2校掛け持ち ・週4〜5日勤務 ・1日4〜5時間，1日7〜8時間	・図書リストや図書館だよりの作成 ・読書活動を支援・促進する ・教科学習へ資料を提供する
C	・専任で毎日勤務 ・職員室に机を持つ	・調べ学習の支援 ・授業への参加　　・授業づくりへの支援
＜高等学校や先進的私学の場合＞		
C'	・専任で毎日勤務	・教科横断的な支援・指導 ・情報活用能力の計画的系統的育成

学校司書配置の形態と業務内容の3段階の例

　Aの段階では，教員にとっては学校司書は「外から入ってくる人」という感が否めない。業務内容は学校図書館の整備にとどまる。Bの段階では，主に読書活動の支援・促進にあたる。請求されれば教科学習へ資料提供する。当然ながら，学校司書の勤務時間が長いほど教科担任および教科学習と関わる時間は長くなり，教育的支援が多くなる。

　Cの段階は，専任で毎日の勤務である。他の教員と同様職員室に机をもち，授業に参加もする。C'は特に高等学校の学校司書や，先進的な私立の中学・高等学校の場合である。高等学校ではこれまでの実績の上に学校司書に任されている部分が多い。私立の中学・高等学校では，学校司書であれ司書教諭であれ学校図書館活用教育の責任者として勤務している場合がある。学校司書および司書教諭の役割を統合して職名に関わらず専門職として動いている。

（5）養成科目の見直し

　2020年度から新学習指導要領が実施されデジタル教科書が導入される。学びの環境の変化に対応して，司書教諭も学校司書も新たな知見を身に付け，各々の立場の視点で建設的に教育に関われなければならない。さらに「日本の中高校生の多くは，……中学校の歴史や理科の教

科書程度の文章を正確に理解できない」[2]とも言われる状況を踏まえて，学校図書館活用で読解力を身に付けさせる指導力を持たねばならない。また、学校司書の「モデルカリキュラム」は作成されたが，今後は「モデル」ではないカリキュラムが検討されねばならない。司書教諭も学校司書も，その養成カリキュラムの見直しを図る必要がある。

（6）実践の統合・研究，そして情報共有へ

文科省が助成している学校図書館関連事業は1995年から始まり，今年2018年度は「学校図書館ガイドラインを踏まえた学校図書館の利活用に係る調査研究」が実施されている。こうした研究成果が文科省に報告を提出しただけにとどまっているのは残念である。この実践報告を分析・統合してその成果を現場に還元していくことが重要である。文科省に働きかけて報告書データを提供してもらうことから始める必要がある。

文科省は1998年から5年にわたり「学校図書館活用フォーラム」を開催した。全国を3ブロックに分け，2日間の日程で先進的な取組み等についての情報交換などが行われた。こうした全国的に情報共有する機会を作ることも必要である。文科省主導を待つのではなく，文科省が示した手法に学んで学校図書館界全体で全国的フォーラムを実施するのも効果があろう。

（7）学校図書館諸組織・団体の充実と連携

学校図書館関連の組織や研究会等が多く設立されてきた。その方針も主張するところも異なるであろう。しかし学校図書館としてすべき仕事，求められている仕事は，本質的に違いはないはずである。それを誰がどのように分担するか意見の分かれるところであるが，学校図書館担当職に求められる役割を学校教育界に対してビジョンをもって主張できなければならない。

また，学校図書館の法的基盤である学校図書館法は議員立法であるため，学校図書館行政は議員の後押し如何によって左右される性質があることを銘記すべきである。これを踏まえて，学校図書館関連の諸組織・団体がさらに連携・協力して先を作って行かなければならない。

4．おわりに

学校図書館活用の実践には，自治体によって，点として見えるところ，線として見えるところ，面として見えるところなどさまざまなレベルがある。「学校図書館ガイドライン」が道具として効果的に利用され各学校の実践が少しでもレベルアップされることを切に願っている。

【引用文献】

［1］文部科学省（2016）「平成28年度『学校図書館の現状に関する調査』の結果について」〈http://www.mext.go.jp/a_menu/shotou/dokusho/link/1378073.htm〉2018年6月11日アクセス

［2］新井紀子（2018）『AI vs.教科書が読めない子どもたち』東洋経済新報社　p.3

執筆者一覧

〈登載順〉
※（　）内は執筆担当箇所

堀川　照代 （1章）
　　青山学院女子短期大学　教授

米澤　久美子 （2章）
　　東京都立府中東高等学校　学校司書

実重　和美 （3章1・3、5章2・4）
　　開星中学校・高等学校　学校司書

門脇　久美子 （3章2・4、5章5、7章1）
　　島根県松江市立大庭小学校　学校司書

漆谷　成子 （3章5、5章1・3、7章2）
　　島根県立松江南高等学校　学校司書専門員

林　良子 （4章）
　　島根県松江市教育委員会　学校教育課　学校図書館支援センター　教育指導講師

野口　武悟 （6章）
　　専修大学　文学部　教授

平久江　祐司 （8章）
　　筑波大学　図書館情報メディア系　教授

「学校図書館ガイドライン」活用ハンドブック　解説編

2018 年 10 月　1 日　　初版第一刷発行
2019 年 11 月　20 日　　初版第二刷発行

編　著　　　堀川　照代
協　力　　　公益社団法人全国学校図書館協議会
発行人　　　佐藤　裕介
編集人　　　冨永　彩花
発行所　　　株式会社 悠光堂
　　　　　　〒 104-0045
　　　　　　東京都中央区築地 6-4-5
　　　　　　シティスクエア築地 1103
　　　　　　電話：03-6264-0523　　ＦＡＸ：03-6264-0524
　　　　　　http://youkoodoo.co.jp
デザイン　　株式会社 キャット
DTP 協力　　原田　昇二
印刷・製本　中和印刷株式会社

ISBN978-4-909348-09-8 C3037
©2018 Teruyo Horikawa, Printed in Japan